VOLET 2

Écouter et prononcer

1 a Écoute et lis en même temps le texte dans ton livre. ▶ Livre, p. 16–17

b Écoute, lis et répète les phrases à voix haute. | Hör zu und lies mit. Da, wo eine Lücke steht, hörst du zu und sprichst dann nach.

1. Je suis à Paris. Je suis là [___].
2. Je visite la tour Eiffel [___].
3. Je visite aussi [___].
4. L'auberge de jeunesse est super. [___].

c Écoute le texte et ajoute les accents qui manquent. | Hör zu und füge die fehlenden Akzente hinzu.
▶ Liste des mots, p. 204–206

Chere Mamie,
On est à Paris! Le metro est pres de l'auberge de jeunesse. On visite des musees: les Docks (c'est la Cite de la mode et du design) et le musee d'Art ludique (c'est sur les jeux video). On rencontre des jeunes de France et meme d'Allemagne. On rigole tout le temps, c'est super! On rentre demain, c'est bete!
Je t'embrasse,
Lili

Madame Simone Letessier
2, rue des Lilas
13013 Marseille
France

Écouter et comprendre

2 Écoute et coche les bonnes réponses. | Ist die Person, die spricht, zufrieden oder unzufrieden? Hör zu und kreuze die richtigen Antworten an. Achte auf die Intonation und den Tonfall.

DELF

	1	2	3	4	5	6
😊						
😠						

Vocabulaire et expression

3 Complète les phrases. Il y a plusieurs possibilités. | Ergänze die Sätze. Es gibt mehrere Möglichkeiten.

c'est nul! c'est bête! ça va c'est trop! j'adore! c'est super! c'est cool!

1. On reste un jour à Paris, ________________ 😠
2. Il pleut tout le temps, ________________ 😠
3. On rencontre des jeunes, ________________ 😊
4. On rigole bien, ________________ 😊

→→→

5. Une exposition, ______________________ 😠
mais deux expositions, ______________________ 😠
6. On est aux Docks, ______________________ 😀
7. On arrive devant la tour Eiffel, ______________________ 😀
8. On rentre demain, ______________________ 😠

S'entraîner

4 a Note le pluriel ou le singulier des mots suivants ►Grammaire, p. 161/4

1. un musée *des musées*
2. une fontaine ______________
3. des œuvres d'art ______________
4. des jeunes ______________
5. une fille ______________
6. des concerts ______________
7. un garçon ______________
8. des rues ______________
9. des jours ______________
10. un jeu ______________

b Grammaire mixte: Complète les phrases par l'article défini ou indéfini. ►Grammaire, p. 160/3, p. 161/4

le musée Grévin

1. Voilà __________ cathédrale, c'est __________ cathédrale Notre-Dame.
2. On arrive dans __________ rue. C'est __________ rue du Laurier.
3. __________ musée Art ludique, c'est __________ musée sur __________ jeux vidéos.
4. __________ monsieur dans __________ ascenseur, c'est __________ employé de l'auberge de jeunesse.
5. __________ programme pour __________ jeunes de Heidelberg est super: __________ tour Eiffel, __________ quartier de Montmartre et __________ musées: __________ Louvre et __________ musée Grévin.
6. __________ garçons avec Louis, ce sont __________ jeunes de Montréal!

5 a Relie les questions aux réponses. | Verbinde die Fragen mit den Antworten.

1 C'est qui?
2 Qu'est-ce que c'est?

A Ce sont des clés.
B Ce sont les jeunes de Bordeaux.
C C'est un musée sur les jeux vidéos.
D C'est Hakim.
E C'est la pyramide du Louvre.
F C'est la fontaine Stravinski.
G C'est une employée de l'auberge de jeunesse.
H Ce sont des kebabs.

b Note encore une réponse à chaque question dans ton cahier. | Finde zu jeder Frage noch eine Antwort.

Méthode intensive

À plus! 1

Nouvelle édition

Carnet d'activités

Interaktive Übungen mit Differenzierungen auf zwei Niveaus

scook

AUDIOS online

Deine **Audios, Lösungen** zu den Fais-le-point-Seiten und die **interaktiven Übungen** findest du auf scook.de. Dort gibst du den unten stehenden Zugangscode in die Box ein.

Dein Zugangscode auf
www.scook.de

Die Nutzungsdauer für die Online-Übungen beträgt nach Aktivierung des Zugangscodes zwei Jahre. In dieser Zeit speichern wir deine Lernstandsdaten für dich; nach Ablauf der Nutzungsdauer werden sie gelöscht.

fus4k-q583z

Vokabel Trainer
Cornelsen

Vokabeltrainer-App

Verfügbar für: iOS, Android und Windows Phone

Cornelsen

À plus! 1 *Nouvelle édition* **Méthode Intensive**
Carnet d'activités

Im Auftrag des Verlages erarbeitet von Catherine Jorißen sowie Dorothea Bachert und Anne Loose

und der Redaktion Französisch
Julia Goltz (Projektleitung), Burcu Kiliç, Manon Jeanningros (studentische Hilfskraft)

Illustrationen: Laurent Lalo
Umschlaggestaltung: werkstatt für gebrauchsgrafik, Berlin
Layout und technische Umsetzung: graphitecture book & edition

Umschlagfotos: Your Photo Today © Pyramide du Louvre, architecte I. M. Péi / Musée du Louvre / John Powell (li.); Fotolia / Syda Productions (re.)

Symbole und Verweise

Schülerfassung:
Hörübungen zum Download s. Code Seite 1

Lehrerfassung:
Hörübungen auf der Audio-CD

▸ Verweise auf das Lehrbuch

Differenzierung:
leichtere Übung
anspruchsvollere Übung

schriftliche Übung

Partnerarbeit

DELF Diese Übung eignet sich auch für die Vorbereitung auf die DELF-Prüfung.

Sprachmittlungsübung.
Hier hilfst du jemandem, der kein Französisch/Deutsch kann.

Hast du das gekonnt? Kreuze nach jeder Übung an.

www.cornelsen.de

Soweit in diesem Lehrwerk Personen fotografisch abgebildet sind und ihnen von der Redaktion fiktive Namen, Berufe, Dialoge und Ähnliches zugeordnet oder diese Personen in bestimmte Kontexte gesetzt werden, dienen diese Zuordnungen und Darstellungen ausschließlich der Veranschaulichung und dem besseren Verständnis des Inhalts.

Die Mediencodes enthalten zusätzliche Unterrichtsmaterialien, die der Verlag in eigener Verantwortung zur Verfügung stellt.

Alle Drucke dieser Auflage sind inhaltlich unverändert und können im Unterricht nebeneinander verwendet werden.

Druck: Parzeller print & media GmbH & Co. KG, Fulda

1. Auflage, 1. Druck 2018
Schülerheft
ISBN 978-3-06-520157-5

1. Auflage, 1. Druck 2018
Schülerheft mit interaktiven Übungen
ISBN 978-3-06-121899-7

1. Auflage, 1. Druck 2018
Lehrerfassung
ISBN 978-3-06-121900-0

Ici, on parle français

1 a Hör den Text an und lies ihn gleichzeitig mit. ► Livre, p. 8–9

b Hör den Text an und lies ihn nun laut mit. ► Livre, p. 8–9

2 a Bringe den Dialog in die richtige Reihenfolge. Vergleiche mit deinem Partner / deiner Partnerin.

Je suis de Marrakech. Je parle arabe et français. Et toi?

Salut, je m'appelle Minh. Tu es d'où?

Salut, je m'appelle Aziz. Tu t'appelles comment?

Je suis de Montréal. Je parle français et anglais.

____

____

____

____

b Zwei Jugendliche treffen sich in Paris in einer Jugendherberge. Sie unterhalten sich. Entscheidet, wer A und wer B ist und spielt den Dialog.

Partenaire A: Latifa, Casablanca, français et arabe	**Partenaire B:** Mathis, Bruxelles, français et anglais
Begrüße B.	Begrüße A.
Sage, wie du heißt. Frage B, wie er heißt.	Sage, wie du heißt. Frage, woher A kommt.
Sage, woher du kommst und welche Sprachen du sprichst. Frage B, woher er kommt.	Sage, woher du kommst und welche Sprachen du sprichst.

c Et toi? Tu t'appelles comment? Tu es d'où? Fais le dialogue avec ton/ta partenaire.

3 a Ici aussi on parle français. | Hier wird auch Französisch gesprochen. Finde heraus, woher diese Persönlichkeiten kommen. Recherchiere und verbinde.

1

Inna Modja, chanteuse

2

Mehdy Metella, nageur

3

Teddy Riner, judoka

4

Inès Boubakri, escrimeuse

5

Dimitri Payet, footballeur

1 Je m'appelle Inna Modja.
2 Je m'appelle Mehdy Metella.
3 Je m'appelle Teddy Riner.
4 Je m'appelle Inès Boubakri.
5 Je m'appelle Dimitri Payet.

A Je suis de Tunis.
B Je suis de Saint-Pierre de la Réunion.
C Je suis de Bamako.
D Je suis de Pointe-à-Pitre.
E Je suis de Cayenne.

b Recherchiere, in welchem Land und auf welchem Kontinent diese Städte liegen.

Bonjour de Paris

VOLET 1

Écouter et prononcer

1 a **Écoute et lis en même temps les cinq textes dans ton livre.** | Hör die fünf Texte in deinem Buch an und lies sie gleichzeitig mit. ►Livre, p. 12–13

b **Écoute les phrases et surligne les sons [ɑ̃], [ɛ̃] et [ɔ̃].** | Hör die Sätze an und markiere die Laute [ɑ̃], [ɛ̃] und [ɔ̃] in unterschiedlichen Farben.

1. Bonjour, les garçons! Vous êtes là pour le concert ou pour l'exposition?
2. – Pardon, tu parles allemand? – Non, je parle français et un peu anglais.
3. Bonjour, Monsieur, voilà les clés … L'ascenseur est là.

c **Lis les textes à voix haute.** | Lies die Texte laut vor. Achte auf die Aussprache der Nasallaute. ►Livre, p. 12–13

Écouter et comprendre

2 a **Écoute le dialogue, puis corrige les fautes.** | Hör dir den Dialog an und verbessere die Fehler.

Luisa est de Berlin. Elle est à Bruxelles pour le week-end. Elle est là pour l'exposition de Matisse.

____

____

____

____

____

b **Écoute encore une fois et retrouve Paul sur le dessin.**

Vocabulaire et expression

3 **Pour moi, Paris, c'est … À ton avis, qu'est-ce qu'ils disent? Écris un dialogue. Utilise** *pour moi*, *pour toi*, *c'est* **et** *ce sont*.

– ______________________________

____

____

– ______________________________

____

____

4 **Trouve les paires.** | Finde die Wortpaare. Streiche das Wort durch, das nicht passt.

1. l'ascenseur • la tour • la clé
2. l'employé/e • le musée • l'exposition
3. la musique • le concert • l'amour
4. merci • cool • super
5. où • oui • non
6. le restaurant • le quartier • le café
7. Bonjour! • Pardon. • Bienvenue!
8. la mode • le shopping • la capitale
9. la fille • le professeur • le garçon
10. oui • ici • là

Le savais-tu?
Wusstest du schon, dass man Wörter in Paaren besser behält, weil man durch die Vernetzung die Merkleistung erhöht?

5 **Qui dit quoi? Note le bon numéro.** | Wer sagt was? Notiere die richtige Nummer.

1 Salut, ça va? **2** Moi, ça va super! **3** Au revoir, Madame. **4** Au revoir, Paul!
5 Bonjour, Monsieur. **6** Salut! **7** Bonjour, Madame. **8** Bof! Et toi?

1

2

3

4

S'entraîner

6 **Écris les mots avec l'article défini au singulier et au pluriel. Écris le tableau dans ton cahier.** | Schreibe die Wörter mit dem bestimmten Artikel im Singular und im Plural auf. ►Grammaire, p. 160/3

l'employé · les quartiers · l'exposition *f.* · le garçon · la fille · les chansons · les tours · les ascenseurs · la clé · les employées · les musées

singulier	pluriel
l'employé	*les employés*

7 **C'est qui? Réponds. Utilise** *c'est* **et** *ce sont*.

1

2

3

4

_______ Fatou.

_______ Fatou et Lili.

_______ Paul.

_______ Paul et Paul.

8 a Complète les phrases par les formes du verbe *être* et le pronom personnel. | Vervollständige die Sätze mit den Formen von *être* und den Personalpronomen. ▶ Verbes, p. 179

1. – Vous êtes ________ Lilou et Fatou?
2. – Non, ________ Lili et Fatou!
3. – Paul et Gabriel? ________ de Paris.
4. – Et Alice et Driss, ________ de Genève.
5. – ________ de Pessac, les filles?
6. – Et la professeure? ________ de Pessac aussi?
7. – Salut Lili! ________ à Paris pour le week-end?
8. – Oui, ________ là pour le week-end.
9. Le concert? ________ à Bercy.

b Complète les phrases par *il/elle/on est* ou *c'est*.

1. ________ cool, Alice!
2. Nous, ________ à Paris! ________ cool!
3. – ________ qui, Monsieur Weil?
4. – Monsieur Weil, ________ le professeur de Driss.
5. Monsieur Weil? ________ à l'auberge de jeunesse.
6. ________ super, Driss!

c Écris encore trois phrases avec des formes du verbe *être* dans ton cahier. | Schreibe noch drei Sätze mit den Formen von *être*.

9 Lis les réponses et trouve les questions. | Lies zuerst die Antworten und schreibe dann die Fragen auf.

1. ________
   – Monsieur Schneider, c'est le professeur de français.
2. ________
   – Ça va super, et toi?
3. ________
   – Oui, je parle français.
4. ________
   – Je m'appelle Siddik.
5. ________
   – S-I-deux D-I-K.
6. ________
   – Je suis de Berlin.
7. ________
   – Oui, je suis là pour l'exposition Matisse.

6 **Trouve les formes correctes des verbes en *-er*.** | Streiche die falschen Verbformen durch.

1. Vous visitez / visite la capitale?
2. Tu reste / restes longtemps?
3. Je passes / passe le week-end ici.
4. Nous rentrent / rentrons demain.
5. Ils rigole / rigolent tout le temps.
6. On arrive / arrivent aujourd'hui.
7. On rencontrez / rencontre des jeunes de Rennes.
8. Louis rigole / rigoles bien avec les filles.
9. Elle parlent / parle français et allemand.

Lire et comprendre

7 **Lis les deux cartes postales de Romane et complète-les par les noms.** | Welche Karte ist deiner Meinung nach für ihre Freundin Amina und welche für ihre Großmutter? Markiere, woran du deine Antwort festmachst und begründe deine Antwort auf Deutsch. ► Méthodes, p. 183/6

1

Chère ______

Je passe le week-end à Paris. La tour Eiffel et la cathédrale Notre-Dame sont super! Demain, on visite le musée du Louvre. À l'auberge de jeunesse, on rencontre des jeunes de France et même d'Allemagne, c'est super!

Je t'embrasse,

Romane

2

Salut ______!

Je suis à Paris, c'est cool! Il pleut, c'est nul! Mais on visite des musées. À l'auberge de jeunesse, on rencontre des jeunes et on rigole bien. Paul (c'est un garçon de Heidelberg) est cool, il rigole tout le temps, j'adore!

Je rentre demain.

Bisous,

Romane

Écrire

DELF **8** **Léo est à Paris. Il écrit à son grand-père. Imagine ce qu'il écrit, puis complète la carte postale.** | Léo ist in Paris. Er schreibt seinem Großvater. Denk dir aus, was er schreibt und vervollständige dann die Postkarte. Tipp: Du kannst die Postkarte in **7** und S. 19 in deinem Buch als Modell nehmen.

Paris, le 8 juillet

______ Papi,

Je passe deux jours à Paris, ______

______. Voilà le programme:

______

______

À l'auberge de jeunesse, on rencontre des jeunes

______

______,

Léo

Monsieur Daniel Richard

1, ______ Ducru

33000 Bordeaux

VOLET 3

Écouter et prononcer

1 a Écoute et lis en même temps les trois textes dans ton livre. ► Livre, p. 20

b Ferme ton livre, écoute les phrases et note les liaisons.

1. Les quatre jeunes cherchent des correspondants en‿Allemagne.
2. Le père de Lucas travaille dans un restaurant. Sa sœur a dix ans et elle adore les animaux.
3. Léa a deux cousins: ils ont quinze et seize ans.
4. Le père de Nassim habite avec sa copine et ses enfants. Ils ont quatre et six ans.

c Choisis un des trois textes et lis-le à voix haute. | Wähle einen der drei Texte und lies ihn laut vor.
► Livre, p. 20

Lire et comprendre

DELF **2 David, Julius et Mira cherchent des correspondants en France. Lis les textes, p. 20, et les profils des jeunes allemands. Qui va avec qui?** | David, Julius und Mira suchen Brieffreunde in Frankreich. Lies die Texte auf S. 22 und die Profile der deutschen Jugendlichen. Wer passt zu wem?

 Hobbys: Computerspiele, Basketball, Musik	 Hobbys: Rap/Musik, Theater, Museen	 Hobbys: Rugby, Actionfilme, Katzen
Le/La corres de David: ____________	Le/La corres de Julius: ____________	Le/La corres de Mira: ____________

1 shutterstock/ml; 2 shutterstock/ Pavel L Photo and Video; 3 shutterstock/ Cookie Studio

Vocabulaire et expression

3 a Classe les noms dans la bonne catégorie. Il y a deux mots en trop. | Ordne die Nomen in die richtige Kategorie ein. Zwei Wörter sind zu viel. ► Liste des mots, p. 206–209

le basket — le chat — le/la correspondant/e — mon/ma cousin/e — l'enfant *m./f.*
les films d'action *m.* — le foot — le frère — les frères et sœurs — la grand-mère
les jeux vidéos *m.* — le magasin — la mère — le message — les parents — le père
le poisson — le profil — poster qc — le rap — la sœur — le sport — le théâtre

La famille: ____

____

____

Internet: ____

Les hobbys: ____

____

Les animaux: ____

b Complète les phrases avec des mots des quatre rubriques de a.

1. Nassim poste ______________________ sur ______________________.
2. Mes ______________________, ce sont ______________________ et le théâtre.
3. J'habite ____________ Potsdam avec ______________________, mes sœurs et ma grand-mère.
4. Inès a des animaux: ______________________.

S'entraîner

4 a Écris les nombres jusqu'à 20 en toutes lettres. | Schreibe die Zahlen bis zur Zahl 20 aus. ►Nombres, p. 198

b Écoute les phrases et entoure les nombres que tu entends. | Hör dir die Sätze an und kreise die Zahlen, die du hörst, ein.

1 2 · 12	**2** 13 · 16	**3** 6 · 10
15 · 16	19 · 9	17 · 18
	7 · 16	4 · 14

5 a Retrouve les phrases et écris-les dans ton cahier. Ajoute les apostrophes et la ponctuation. | Finde die Wort- und Satzgrenze und schreibe die Sätze in dein Heft. Füge die Apostrophe und Satzzeichen hinzu.

j'aiunchattuasuneallergieilaquinzeansellleadeuxpoissonsonadesfrèresetsœursnous
navonspasdanimalvousavezquelâgeilsnontpasdejeuxvidéosellesontdeshobbys

b Souligne les formes du verbe *avoir*. ►Verbes, p. 179

c Écris quatre phases avec des formes du verbe *avoir*.

6 a Souad se présente. Complète ce qu'elle dit par les déterminants possessifs. | Souad stellt sich vor. Vervollständige, was sie sagt mit den Possessivbegleitern. ►Grammaire, p. 162/7

mauritius images / Stockbroker RF / Stockbroker RF

Bonjour! __________ nom est Souad Cherfi, j'ai 14 ans. J'habite à La Défense avec __________ mère et __________ frères et sœurs. __________ sœur Dounia a 15 ans et __________ frère a 13 ans. Elle a un copain! __________ copain a 17 ans, il est cool! Il joue souvent avec __________ frère. __________ parents sont séparés. __________ père habite avec __________ copine à Montmartre. Il a un restaurant. __________ restaurant et __________ kebabs sont super! Je suis souvent avec __________ copines Leïla et Mariam. Elles habitent dans __________ quartier. Et toi? __________ copines, elles s'appellent comment? Et __________ famille? Tu as des frères et sœurs? Tu habites avec __________ père et __________ mère?

b **Trouve la famille de Souad. Coche le bon dessin.**

1 ☐

2 ☐

c **Relis a et réponds aux questions de Souad. Écris dans ton cahier.**

7

Présente Enzo et sa famille. Emploie des déterminants possessifs. | Stelle Enzo und seine Familie vor.

____

____

____

____

____

8

Grammaire mixte: Complète le texte par des formes des verbes *avoir*, *être*, *aimer*, *habiter* ou *jouer* et des déterminants possessifs. ▶Verbes, p. 179

Salut! Je m'appelle Max et j'__________ 14 ans. Je __________ de Rennes. __________ parents __________ séparés. Moi, j'__________ avec __________ père et __________ copine. Elle __________ super! J'__________ un frère, il __________ 11 ans. Il __________ avec __________ mère, __________ copain et __________ deux enfants. J'__________ les chats, mais nous n'__________ pas d'animal … __________ père __________ une allergie. J'__________ le foot. Je __________ dans un club. __________ copains, ce __________ Mathis, Louis et Paul. Ils __________ dans mon quartier. Ils __________ 14 ans aussi. Ils __________ le foot. On __________ souvent ensemble.

9 a Qu'est-ce qu'ils aiment (⊕)? Qu'est-ce qu'ils adorent (⊕⊕)? Forme des phrases | Was mögen sie? Was lieben sie?

Nathan:
⊕ le sport,
la musique
⊕⊕ le rap et
Black M et Jul

Emma:
⊕ le théâtre,
la mode,
les animaux
⊕⊕ les chats

____

____

____

____

b Et toi, qu'est-ce que tu aimes? Qu'est-ce que tu adores? Réponds.

____

____

____

____

10 a Retrouve les questions de Léa à sa copine et note-les.

1. ____
Je m'appelle Assia!

2. ____
J'ai treize ans.

3. ____
J'habite à Poissy. C'est près de Paris.

4. ____
Oui, j'ai une sœur et deux frères.

5. ____
Non, mais ma grand-mère a des poissons.

6. ____
Oui, j'aime le basket. Je joue dans un club.

b Travaillez à deux. Posez-vous les questions de a et répondez à tour de rôle.

Écrire

11 Remplis le formulaire de la deuxième page de couverture. | Fülle das Formular auf der vorderen Umschlagseite (innen) aus.

Médiation

12 **Elsa est la sœur de ton correspondant et elle cherche un/e correspondant/e en Allemagne. Tu lis le profil d'Alina. Écris à Elsa.** | Elsa ist die Schwester deines Brieffreundes und sucht Brieffreunde in Deutschland. Du liest das Profil von Alina, das gut zu Elsa passt, und gibst die Infos in einer E-Mail an Elsa weiter, die sie interessieren könnten. ▶Méthodes, p. 191/24; Umschlagseite hinten (innen)

PROFIL

Mon nom: Elsa
Mon âge: treize ans

😊 la musique, le théâtre, le basket, la mode, le shopping, la vie en ville

😠 Je n'ai pas d'animal (J'ai une allergie).

Hallo!

Ich heiße Alina und ich bin 13 Jahre alt. Ich bin aus Berlin. Ich wohne in Berlin-Mitte. Ich habe eine ältere Schwester (16). Ich habe keine Haustiere. Meine Eltern sind beide Lehrer (Mein Vater ist Englisch- und Deutschlehrer und meine Mutter ist Deutsch- und Sportlehrerin).

Meine Hobbys: ich mag Sport, Ski im Winter und Basketball (ich spiele in einem Verein). Ich mag auch Musik! Ich bin oft und sehr gerne mit meinen Freundinnen zusammen. Wir gehen ins Kino, ins Schwimmbad oder auch ins Einkaufzentrum am Potsdamer Platz. Dort macht Shopping am meisten Spaß. Ich interessiere mich sehr für Frankreich und Französisch (ich versuche, z. B. Louanes Lieder mitzusingen, aber ich muss die Sprache richtig lernen!) und ich kenne Paris (aber leider nur aus Filmen).

Bis bald! À bientôt!

Alina

Parler

13 a **Dein Austauschpartner / Deine Austauschpartnerin (= Partenaire B) ist zu Besuch. Ihr seht euch Fotos von Partenaire B auf seinem/ihrem Smartphone an. Wählt eure Rolle aus und unterhaltet euch.**

Partenaire A = corres allemand/e	Partenaire B = corres français/e
Frage, wer das Mädchen mit der Katze ist. *(avec le chat – c'est qui?)*	Sie ist deine Schwester und heißt Romy. *(la sœur – elle s'appelle)*
Frage, ob sie Tiere mag. *(aimer – les animaux)*	Antworte, dass sie ihre Katze liebt. *(adorer – le chat)*
Frage, ob die zwei Jungen seine/ihre Brüder sind. *(le garçon – le frère)*	Verneine. Es sind deine Cousins. Sie sind aus Rennes. Ihr habt viel Spaß miteinander. *(être de – rigoler – ensemble)*
Frage, wie sie heißen. *(ils s'appellent – comment)*	Antworte, dass sie Malo und Paul heißen. *(ils s'appellent)*
Du betrachtetst ein anderes Foto und fragst, ob das Mädchen mit Malo seine/ihre Schwester ist. *(la fille – la sœur)*	Verneine. Es ist die Freundin deines Cousins Malo. Sie sind ständig zusammen. *(la copine – tout le temps – ensemble)*
Du betrachtetst ein anderes Foto und fragst, ob es seine/ihre Eltern sind. *(les parents)*	Bejahe, es sind deine Eltern. Sie sind mit deiner Großmutter. *(les parents – la grand-mère)*

b **Tauscht die Rollen und startet von vorne.**

Expression

1 **Comment est-ce que tu dis cela en français? Écris dans ton cahier.** | Wie sagst du das auf Französisch?

Sage, dass ...

1. ... Hannah 14 Jahre alt ist.
2. ... sie in Bordeaux mit ihren Eltern, ihrer Schwester und ihrem Bruder wohnt.
3. ... ihre Eltern Angestellte sind.
4. ... sie keine Haustiere und eine Allergie hat und dass es schade ist.
5. ... sie Sport mag und Musik liebt.
6. ... sie oft mit ihren Geschwistern spielt und sie viel Spaß zusammen haben.

Vocabulaire

2 **Paris, c'est / ce sont ...? Retrouve les douze noms et écris-les avec l'article défini.** | Finde die zwölf Nomen wieder und schreibe sie mit dem bestimmten Artikel auf.

cathé •	• fés
res •	• gasins
ca •	• tale
ma •	• mour
mo •	• de
lu •	• drales
quar •	• sées
mu •	• xe
capi •	• tro
po •	• taurants
mé •	• litique
a •	• tiers

shutterstock / Robert Crum

____

____

____

____

Der bestimmte und der unbestimmte Artikel

3 **Complète les phrases.**

1. À ________ auberge de jeunesse, on rencontre ________ jeunes de Montréal, de Marrakech ... Voilà Mehdi, ________ garçon de Marrakech et voilà Alice et Laura, ________ filles de Montréal.
2. ________ jeunes sont devant ________ centre Pompidou. Ils sont là pour ________ exposition.
3. Magali, c'est ________ sœur de Marie et c'est ________ copine de Paul, et Paul, c'est ________ cousin de Lili.

Die Zahlen von 1 bis 20

4 **C'est le marathon de Paris. Écoute, puis écris les numéros dans ton cahier.** | Hör zu und schreibe die Nummern auf. Du kannst den Text mehrmals anhören.

____

____

____

____

Fotolia / Guillaume Louyot

Die Verben *avoir* und *être* und die Personalpronomen

5 **Complète les phrases.**

1. Nadem et Assim ____________ les frères de Dounia. ________ ____________ 17 et 19 ans.
2. Moi, ________ ____________ de Genève. Et toi, ________ ____________ d'où?
3. – Nous, ________ ____________ à Paris pour le week-end. ________ ____________ des cousins ici.
4. – Et vous, ________ ____________ là pour longtemps? ________ ____________ des copains à Paris?
5. Moi, ____ ________ un chat, ________ ____________ joli[1]. Et toi, ____ ________ un animal?

1 **joli/e** hübsch

Die Verben auf *-er*

6 **Complètes les phrases par des formes des verbes** *aimer*, *chercher*, *habiter*, *poster*, *rentrer*, *rester*, **ou** *travailler*.

1. Mes cousins ______________ à Rennes, ils ______________ dans un restaurant.
2. Vous ______________ la rue du Louvre? C'est près d'ici.
3. Nous ______________ souvent des messages sur Internet.
4. On ______________ deux jours ici, on ______________ demain.
5. Moi, j'______________ Paris, et toi, tu ______________ Paris aussi?

Die Possessivbegleiter und *aimer/adorer* + Nomen

7 **Grammaire mixte: Frédéric présente sa famille. Complète les phrases par des déterminants possessifs** (*mon*, *ton*, *son*, **etc.**) **et** *aimer* **ou** *adorer*.

Frédéric: Regarde. Là, c'est __________ père. Il parle avec __________ tante Sandra, c'est __________ sœur. Elle __________ le théâtre.

Omar: Et là, ce sont __________ grands-parents?

Frédéric: Oui. Et les enfants entre __________ grand-père et __________ grand-mère, ce sont __________ cousins.

Omar: Et là, c'est __________ mère?

Frédéric: Oui. Elle __________ les animaux. Et regarde, là c'est __________ cousine, Marie. Elle __________ le foot. Elle habite à Marseille avec __________ père et __________ mère.

Omar: J'ai aussi un cousin à Marseille! Il s'appelle Abdel et il __________ le rap. Il habite avec __________ parents et __________ grand-mère.

Module 1 En cours de français

1 **Tu es en cours de français. Comment est-ce que tu dis cela? Écris dans ton cahier.** ► Livre, p. 28

1. Öffnet die Bücher auf der Seite 25.
2. Lest den Text.
3. Ich habe meine Hausaufgaben vergessen.
4. Macht die Bücher zu.
5. Schreibt die Sätze in euer Heft.
6. Können Sie das bitte wiederholen?
7. Ich bin fertig.
8. Bearbeitet die Übungen Nummer 5 und 6.
9. Wie sagt man „der Stift" auf Französisch?
10. „Der Stift" bedeutet „le stylo".
11. „Malade", was bedeutet das?
12. Ich weiß es nicht.
13. Schreib die Sätze bitte an die Tafel.
14. Ich verstehe den Satz Nummer vier nicht.

2 a **Les corres sont là! Qu'est-ce qu'ils disent? Complète par les formes des verbes** ***lire*****,** ***écrire*** **ou** ***ouvrir*****.** ► Verbes, p. 181–182

1. Je ____________________ un livre de Cornelia Funke.
2. On ____________________ à nos parents.
3. Vous ____________________ les fenêtres, s'il vous plaît?
4. Vous ____________________ souvent le week-end?
5. Tu ____________________ à ta copine?
6. Les jeunes ____________________ les messages sur Internet.
7. Madame, nous ____________________ les phrases dans notre cahier?
8. Tu ____________________ la porte, s'il te plaît?
9. Max ____________________ le dialogue avec Lili. On écoute!
10. Mes copines ____________________ des poèmes[1]. Ils sont super!

[1] **un poème** ein Gedicht

b **Forme encore huit phrases avec les autres formes des verbes** ***lire*****,** ***écrire*** **et** ***ouvrir*****. Écris-les dans ton cahier.**

3 a **Wie wird der Imperativ gebildet? Lies nach.** ► Grammaire, p. 163/2

b **Qu'est-ce que le prof dit? Regarde les dessins et écris des phrases possibles dans ton cahier. Utilise l'Impératif.** ► Verbes, p. 181–182

1

regarder • au tableau

2

lire • le dialogue

3

écrire • au tableau

4

ouvrir • ton cahier

5

répéter • les phrases

6

fermer • la porte

7

ouvrir • la fenêtre

8

travailler • en groupe

c **Jouez.** | Eine Person gibt verschiedene Aufforderungen. Führt bei den Aufforderungen eine Geste aus, aber nur dann, wenn vor der Aufforderung *„Jacques a dit"* gesagt wird. Wechselt euch ab.

Écoutez!	Écrivez!
Regardez!	Lisez!

Paris notre ville

VOLET 1

Écouter et prononcer

1 a **Écoute et lis en même temps les deux interviews.** ► Livre, p. 32

b **Écoute et répète. Fais attention à la mélodie de la phrase.** | Achte auf die Satzmelodie.

c **Écoute les phrases et souligne les mots avec le son** [s] **et** [z]. | Unterstreiche die Wörter mit den Lauten [s] und [z].

1. Un journaliste interviewe des Parisiens.
2. Louis habite dans le treizième arrondissement.
3. Dans son quartier, il y a des magasins, des cinémas et cinq boulangeries.
4. Il y a aussi une piscine sur la Seine.
5. Paul va souvent au marché d'Auteuil.
6. Les touristes visitent le musée: il est intéressant.

Lire et comprendre

2 **Relis le texte et trouve qui c'est. Puis, trouve les questions. Utilise** *qui*. ► Livre, p. 32

Louis	Jules	Julie et Paul	les jeunes	des journalistes	Emma

1. Qui interviewe des Parisiens? ______

______ interviewent des Parisiens.

2. ______

______ va souvent à la piscine.

3. ______

______ habitent à Passy.

4. ______

______ aime les mangas et les livres.

5. ______

______ va souvent à la Coulée verte et au skatepark de Bercy.

6. ______

______ écoutent les interviews de Magajeunes.

Écouter et comprendre

3 **C'est a ou b? Écoute et coche la phrase que tu entends.** | Kreuze den Satz, den du hörst, an.

1. a ☐ Ils sont dans l'appartement. b ☐ Ils ont un appartement.
2. a ☐ Les loyers sont très chers. b ☐ Les loyers sont trop chers.
3. a ☐ Il habite dans le sixième. b ☐ Il habite dans le seizième.
4. a ☐ J'aime mes copains. b ☐ J'ai des copains.
5. a ☐ Il a un jardin. b ☐ Il y a un jardin.
6. a ☐ J'adore le poisson. b ☐ J'adore les poissons.
7. a ☐ Il y a des maisons. b ☐ Il n'y a pas de maison.

DELF

4 **Écoute. Trouve où ils habitent et note leur prénom à la bonne place: Paul, Lili, Romane, Selma, Louis et David**

Vocabulaire et expression

5 a **Note les mots avec l'article indéfini.**

villequartierrueimmeubleappartementchambre

Le savais-tu?
Lerne neue Substantive mit dem unbestimmten Artikel. Sie zeigen dir das Geschlecht bei allen Wörtern an.

b **Il y a un problème dans le texte de Nicolas pour Magajeunes! Lis le texte, remets les mots à leur place, puis récris le texte dans ton cahier.**

J'habite dans le cinquième quartier avec ma famille. Dans mon musée, il y a des livres, des magasins, des touristes, des cinémas, un arrondissement et une piscine, c'est pratique. Ma mère travaille dans une université à Saint-Michel. Là, les immeubles ne sont pas trop chers. J'habite près de la librairie. Il y a des jeunes et des boulangeries, c'est très animé. Je vais souvent à la station de métro avec mes copains, on adore l'eau!

S'entraîner

6 **Qu'est-ce qu'il y a dans ton quartier? Qu'est-ce qu'il n'y a pas? Écris un texte.** ▶Liste des mots, p. 211–215

Il y a ___. Il y a aussi ___. Il n'y a pas de ___.

7 **Un journaliste interviewe des jeunes Parisiens. Trouve ses questions et écris-les.** ►Grammaire, p. 163/11

1. ______________________________
J'habite dans le treizième arrondissement.

2. ______________________________
Dans mon quartier, il y a des magasins, des restaurants, des collèges …

3. ______________________________
Oui, il y a aussi une station de métro.

4. ______________________________
Dans mon quartier? Il y a le théâtre pour les jeunes … Et il y a une piscine sur la Seine!

5. ______________________________
J'aime la piscine sur la Seine! J'aime bien mon collège aussi.

6. ______________________________
Je n'aime pas trop mon appartement. Il est trop petit.

7. ______________________________
Non, mon quartier est animé.

8 a **Qu'est-ce qui va ensemble? Relie et écris les phrases dans ton cahier. Il y a plusieurs possibilités.** | Verbinde. ►Grammaire, p. 165/5

			Galeries Lafayette.
1 Deborah	vais		université.
2 Vous	vas	à la	librairie.
3 Je	va	à l'	parc.
4 Tu	allons	au	collège.
5 Ils	allez	aux	Champs Élysées.
6 On	vont		aquarium.

b **Grammaire mixte: Ton corres présente sa famille et son appartement. Complète les phrases par des formes des verbes *aller*, *avoir* ou *être*.** ► Verbes, p. 179–180

A: Max

Salut Max,

Notre appartement __________ dans la rue d'Auteuil. Nous __________ deux chambres: une pour nous et une pour nos parents. Nous __________ au collège à pied[1], mais nous ne __________ pas souvent ensemble, ma sœur et moi. Louise, ma sœur, __________ 13 ans. Elle __________ souvent à la piscine avec ses copines. Moi, j'__________ 15 ans. Je __________ souvent au skatepark de La Muette. Le week-end, mes parents __________ au marché d'Auteuil et nous __________ au cinéma en famille. Et vous, vous __________ souvent à la piscine ou au skatepark? Et toi, tu __________ une chambre pour toi? Tes frères et sœurs __________ dans ton collège? Tu __________ au collège dans ton quartier?

1 **à pied** zu Fuß

DELF **c** **Relis le texte de b et coche la bonne réponse.**

La famille va ensemble

☐ à la piscine. ☐ au marché. ☐ au cinéma.

9 Qu'est-ce que Nathan fait? Réponds aux questions dans ton cahier. Utilise la négation *ne ... pas*. |

Was macht Nathan nicht? Beantworte die Fragen. ▶Grammaire, p. 164/13

Exemple: – Nathan travaille? – Non, il ne travaille pas, il joue avec son frère.

1

Nathan travaille?

2

Il est au collège?

3

Il cherche son cahier?

4

Il ouvre la fenêtre?

5

Il lit ses messages?

6

Il est dans sa chambre?

10 a Louis écrit à son copain à Lyon. Retrouve les douze formes d'adjectifs accordés dans la grille, puis complète les phrases. Il y a deux adjectifs en trop. ▶Grammaire, p. 163/10

A	N	I	M	É	E	O	N	C	C	T
A	B	N	O	O	H	Y	R	E	A	M
I	R	T	O	F	D	P	W	S	L	N
L	O	É	B	N	S	R	H	A	M	D
T	S	R	Q	G	R	A	N	D	E	G
C	H	E	R	G	C	T	T	T	S	S
F	U	S	I	H	B	I	S	S	K	P
P	J	S	D	C	F	Q	L	Y	B	E
E	P	A	M	H	I	U	F	M	A	T
T	A	N	U	È	U	E	T	P	V	I
I	N	T	É	R	E	S	S	A	N	T
T	G	E	U	E	W	A	N	S	D	E
E	D	S	G	S	P	E	T	I	T	S

A: Thao

1. Les expositions du Centre Pompidou sont ____________________.
2. Mes copains sont très ____________________. On rigole bien!
3. J'ai un livre sur Paris, mais il n'est pas très ____________________.
4. Le cinéma est trop ____________________ pour moi.
5. À Paris, les appartements sont souvent ____________________.
6. La librairie Gibert, à Paris, est très ____________________.
7. Ici, les maisons sont ____________________ et ____________________.
8. La piscine est ____________________ mais très ____________________!

b **Forme des phrases avec les deux adjectifs qui restent.** | Bilde Sätze mit den zwei übriggebliebenen Adjektiven.

____

____

11 **Lis le mail de Tom à un jeune de Berlin. Tom et son frère écrivent un mail ensemble à des jeunes de Berlin. Récris leur mail. Utilise** *notre*, *votre*, *nos* **ou** *vos*. | Lies, was Tom einem Jungen aus Berlin schreibt. Tom und sein Bruder schreiben gemeinsam eine E-Mail an Jugendliche aus Berlin. Formuliere die E-Mail.

►Grammaire, p. 165/15

A: Max

Salut! J'habite dans le onzième arrondissement avec mes parents et mes frères et sœurs. J'aime mon quartier. Il est animé et mes copains habitent là! Mon père travaille à Passy et ma mère travaille aux Galeries Lafayette. Mon collège est près de République. Je suis souvent dans ma chambre et je chatte avec mes copains. Et toi, tu habites où, à Berlin? Tu aimes ta chambre? Tes frères et sœurs sont au collège? Tu aimes ton collège?

Salut! On habite dans le onzième arrondissement avec nos parents et ...

____

____

____

____

Écrire

12 DELF

Voici les notes d'un journaliste. Écris son article sur Laura.

- Laura / 5e arrondissement / Institut du Monde arabe
- magasins, cinémas, cafés, restaurants, musées, marché de la place Monge: animé / sympa, deux stations de métro / pratique
- quartier: ☺ animé / jeunes / touristes / ❤❤ magasins dans la rue Monge / ❤❤❤ Jardin des Plantes (→ copines)
- quartier: ☹ loyers chers / appartements petits

Laura habite à Paris, dans le 5e arrondissement près de l'Institut du Monde arabe.

____

____

____

____

____

VOLET 2

Écouter et prononcer

1 a **Écoute et lis en même temps les textes de Gabriel et de Lisa.** ▶Livre, p. 36

b **Lis les deux textes à voix haute.**

c **Écoute les phrases et note les liaisons que tu entends. Puis, écoute encore une fois et répète.** | Markiere die Bindungen wie im Beispielsatz.

1. Vous‿allez où avec vos copains?
2. En été, on va souvent à la piscine.
3. On va dans un parc ou dans un café.
4. Sur mon étagère, il y a mes mangas et un jeu vidéo.
5. On arrive avec nos instruments de musique.
6. Sur mon bureau, il y a un ordinateur et un aquarium.
7. Mon endroit préféré, c'est un jardin près de chez moi.

Vocabulaire et expression

2 a **Lis le texte et sépare les mots d'un trait.** | Lies den Text und trenne die Wörter durch einen Strich.

À|la|maisonmesendroitspréféréscesontmachambreetlacuisinedansmachambrejene
faispasmesdevoirsmaisjechatteavecmescopainsetjelismesmangasdansmonhamac
j'adorepourmoil'endroitidéalpourfairemesdevoirsc'estlacuisineelleestgrandeet
joliec'estsuperaussipourmangeraveclescopainsetpourêtreaveclafamillejesuis
souventdanslacuisine

b **Récris le texte dans ton cahier. Ajoute les majuscules[1], les virgules(,) et les points (.).**

1 **la majuscule** der Großbuchstabe

3 **La journée de Léna: Écris des fins de phrases. Utilise *pour* + inf.** ▶Grammaire, p. 165/16

1. Léna va dans sa chambre ______________________ (mit den Freundinnen chatten)
2. Elle va dans un café ______________________ (Freunde treffen)
3. Elle sort ______________________ (ins Kino gehen)
4. Léna et sa sœur Elsa vont dans la cuisine ______________________ (mit ihren Eltern essen)
5. Elles restent dans leur chambre ______________________ (Nachrichten und Fotos posten)
6. Elles vont à la libraire ______________________ (Mangas ansehen)

S'entraîner

4 a Qu'est-ce que les jeunes font? Complète les phrases par *leur* ou *leurs*. ►Grammaire, p. 165/15

1. Les jeunes font un pique-nique avec ______ copains.
2. Les filles regardent des photos de ______ copines.
3. Les enfants vont dans ______ chambre pour faire ______ devoirs.
4. Mia et Axel sont dans la cuisine avec ______ père. ______ mère travaille.
5. Mes cousins adorent Paris et la Coulée verte est ______ endroit préféré.

b Complète les mini dialogues par des déterminants possessifs. ►Grammaire, p. 162/7; p. 165/15

1. – Moi, ______ endroit préféré, c'est le jardin de ma grand-mère. Et toi?
   – C'est ______ chambre! Je lis ______ mangas sur ______ lit, c'est cool!
2. – Les enfants, vous êtes dans ______ chambre? Vous faites ______ devoirs?
   – Non, nous chattons avec ______ copains!
3. – Leïla est dans ______ chambre?
   – Oui, elle est avec ______ copine. Elles font ______ devoirs ensemble.
4. – Fais ______ lit et ouvre la fenêtre de ______ chambre, s'il te plaît!
   – Mais le chat dort sur ______ lit!
5. – Tom et Max sont en ville avec ______ professeur d'allemand?
   – Oui, ils visitent la cathédrale avec ______ correspondants.
6. – Inès et Enzo sont à Montréal avec ______ parents?
   – Oui, ______ grand-mère est de Montréal.

c Quel dessin va avec quel dialogue de b? Note le bon numéro.

 ☐
 ☐
 ☐
 ☐
 ☐
 ☐

5 a Fais une fiche pour le verbe *manger*. ►Verbes, p. 179

! nous mangeons

b On mange où? Forme des phrases avec les six formes du verbe *manger*. Écris dans ton cahier.

dans sa chambre — au bord de l'eau — avec ses copains au collège — un kébab au bureau — au restaurant — dans la cuisine

6 Complète la chanson par les formes du verbe *faire*. Écoute la chanson. Tu peux chanter en même temps.
▶ Verbes, p. 181

La chanson du verbe faire

Je fais, ____

vous faites, ____

Bonjour Rémy! ____ mon lit.

Et toi, Marie, ____ ton lit?

Qu'est-ce qu'____, Grégoire? ____ ses devoirs.

Bonjour Rémy! ____ mon lit.

Et toi, Marie, ____ ton lit?

Qu'est-ce qu'____, Grégoire? ____ ses devoirs.

Qu'est-ce qu'____, Anissa?

Je ne sais pas, elle n'est pas là.

Nous avons un cadeau[1] et ____ un gâteau[2].

C'est la fête! Qu'est ce que ____?

C'est la fête! Qu'est ce que ____?

Qu'est-ce qu'____, Laurine et Jade?

____ une salade.

1 **le cadeau** das Geschenk
2 **le gâteau** der Kuchen

7 Forme six phrases avec des formes de *dormir*, *partir* et *sortir*. ▶ Verbes, p. 180

Exemple: Je dors dans mon lit.

dans *son* lit — dans *son* hamac — à l'auberge de jeunesse — à Paris — en France — demain — dans la rue — dans le jardin — avec des copains — ____

8 a Écris les prépositions à la bonne place.

dans — sur — sous — derrière — devant — à droite — à gauche — entre

b **Compare les deux dessins. Écris dans ton cahier. Utilise les prépositions** *à droite*, *à gauche*, *dans*, *derrière*, *devant*, *entre*, *sous* **et** *sur*. ►Liste des mots, p. 214

9 **Regarde les dessins, puis complète les phrases par** *au bord / à droite / à gauche* **ou** *à côté de la / de l' / du / des*. ►Grammaire, p. 164/14

1. Des jeunes font un pique-nique ______________ l'eau. ______________ jeunes, une famille chante.
2. Le chat dort ______________ la fille.
3. ______________ l'immeuble, il y a une boulangerie, ______________ l'immeuble, il y a un musée.
4. ______________ café, il y a une librairie et ______________ café, il y a un magasin de souvenirs.
5. ______________ garçon, il y a des instruments de musique.
6. Les toilettes sont ______________ la cuisine.

Écrire

10 DELF **Décris la chambre de Jade.** ►Mots pour le dire, p. 269

Parler

11 **Du unterhältst dich mit deinem Austauschpartner / deiner Austauschpartnerin über euren Wohnort.**

Partenaire A = corres allemand/e	Partenaire B = corres français/e
Sage, dass du dein Viertel magst. Frage, ob A sein/ihr Viertel mag. *(aimer – le quartier)*	Bejahe, dein Viertel ist belebt. Dort gibt es Geschäfte, Cafés, ein Kino … und junge Leute. *(le quartier – animé/e – il y a – le magasin – les jeunes)*
In deinem Viertel gibt es auch Geschäfte und Cafés, aber kein Kino. Frage, ob es in Bs Viertel auch Restaurants gibt. *(le magasin – il n'y a pas de – le restaurant – aussi)*	Verneine, es gibt keine Restaurants, aber es gibt einen Park. Das ist der ideale Ort, um im Sommer Picknicks zu machen. *(le restaurant – il n'y a pas de – l'endroit – en été)*
Frage, ob Bs Schule sich in seinem/ihrem Viertel befindet. *(le collège)*	Bejahe, deine Schule ist in deiner Straße. Sie ist nicht sehr groß aber sehr nett. *(le collège – dans – la rue)*
Frage, ob Bs Freunde in seinem/ihrem Viertel wohnen. *(le copain / la copine – habiter)*	Bejahe, zwei Freunde von dir wohnen sogar in deinem Wohnhaus. Du möchtest wissen, ob A oft mit seinen/ihren Freunden zusammen ist. *(le copain / la copine – habiter – souvent)*
Bejahe, ihr chattet auch miteinander in deinem Zimmer. Frage, ob B sich oft in seinem/ihrem Zimmer aufhält. *(ensemble – la chambre – souvent)*	Bejahe, es ist dein Lieblingsort. Es ist klein aber praktisch. Es gibt ein Bett, einen Schrank, Regale und einen Stuhl. *(l'endroit – petit/e – le lit – l'armoire – l'étagère – la chaise)*
Es ist auch dein Lieblingsort. Frage, ob es keinen Schreibtisch gibt. *(l'endroit – il n'y a pas de – le bureau)*	Verneine, du machst deine Hausaufgaben auf deinem Bett, du liebst es! *(les devoirs – sur – le lit)*

VOLET 3

Écouter et prononcer

1 a **Écoute les dialogues.** ► Livre, p. 40

b **Tu es Ambre. Écoute et lis les phrases d'Ambre pendant les pauses.** ► Livre, p. 40

c **Maintenant, tu es Mathis. Écoute et lis les phrases de Mathis pendant les pauses.** ► Livre, p. 40

S'entraîner

2 a **Écris les questions. Utilise** *où est/sont* **+ nom.**

1. ______________________ – Tes clés? Elles sont sur la table!
2. ______________________
   – Vous traversez la place, la rue de l'Université est derrière.
3. ______________________
   – Les Galeries Lafayette? Je ne sais pas, je ne suis pas d'ici.
4. ______________________
   – Ma sœur est au cinéma avec ses copines.

b **Trouve des questions possibles aux réponses et écris-les.**

1. ______________________
   – Je lis mes messages, et toi?
2. ______________________
   – L'Olympia, c'est une salle de concerts et de spectacles.
3. ______________________
   – Là, je suis chez moi.
4. ______________________
   – L'Olympia? Vous traversez le carrefour et vous prenez la deuxième rue à droite.
5. ______________________
   – Oui, alors, après le carrefour, vous prenez la deuxième rue à droite.

DELF **3** **Tu es à Paris. Écoute le programme et prends des notes. Écris les nombres ordinaux en chiffres, puis en toutes lettres.** | Notiere die Ordinalzahlen zunächst als Ziffern. Schreibe sie dann auf.

1. ______________________
2. ______________________
3. ______________________
4. ______________________
5. ______________________

4 **Qu'est-ce qu'on prend? Forme des phrases avec les formes du verbe** *prendre* **au présent.** ► Verbes, p. 181

le métro | la troisième rue à droite | un kébab | des cours de musique
la ligne 1 direction La Défense | des photos

5 a Grammaire mixte: **Complète les dialogues par** *où est/sont* **+ nom,** *je voudrais* **et des formes des verbes** *aller à la / au, faire* **et** *prendre*. ►Grammaire, p. 164/14; Verbes, p. 180–181

– Salut Sarah, qu'est-ce que tu ________________ aujourd'hui?

– Salut Lina. Je ________________ parc André Citroën.

– Et Marie et Lucas, qu'est-ce qu'ils ________________?

– Ils ________________ parc aussi. On ________________ un pique-nique.

– Vous ________________ un pique-nique ensemble? ________________ être avec vous!

– D'accord! Rendez-vous là-bas dans deux heures!

– ________________ le parc André Citroën?

– Tu ________________ la ligne 8 jusqu'à Balard. Rendez-vous à Balard dans deux heures!

Lina arrive en retard à la station Balard ... Sarah n'est pas là.

– Pardon, Monsieur, je cherche le parc André Citroën.

– Vous ________________ la rue Balard et c'est tout de suite à gauche.

Lina cherche ses copains dans le parc.

Hum... ________________ Sarah, Marie et Lucas? Ah, ils sont là-bas! Ils ________________ des photos du pique-nique!

DELF **b** **Relis le texte de a et réponds.**

1. Qui va au parc André Citroën? ________________________________
2. Pour aller au parc André Citroën on descend à ________________________________.

Vocabulaire et expression

6 a **Qu'est-ce que tu dis pour cela? Coche la bonne réponse.** ►Mots pour le dire, p. 272

1. Du möchtest ins Kino gehen.
   - ☐ Je voudrais aller au cinéma.
   - ☐ J'aime aller au cinéma.
2. Du sagst einem Freund, dass er mit der Linie 8 fahren und in „République" umsteigen soll.
   - ☐ Tu prends la ligne 8 et tu descends à République.
   - ☐ Tu prends la ligne 8 et tu changes à République.
3. Du erklärst jemandem den Weg: hinter der Kreuzung geht es geradeaus.
   - ☐ Après le carrefour, c'est à droite.
   - ☐ Après le carrefour, c'est tout droit.
4. Du erzählst, dass du gerne U-Bahn fährst.
   - ☐ Je voudrais prendre le métro.
   - ☐ J'aime bien prendre le métro.
5. Du fragst einen Jungen, wie du zum Markt kommst.
   - ☐ Pardon, où est le marché s'il te plaît?
   - ☐ Salut! Tu vas au marché?

6. Du erklärst einem Mann, er soll den Platz überqueren und die zweite Straße links einbiegen.
   - ☐ Vous allez sur la place et vous prenez la deuxième rue à droite.
   - ☐ Vous traversez la place et vous prenez la deuxième rue à gauche.

7. Du hast nicht verstanden, was dir eine Dame gesagt hat und bittest um Wiederholung.
   - ☐ Pardon, vous pouvez répéter, s'il vous plaît?
   - ☐ Répétez, s'il vous plaît.

8. Du sagst, dass dein Akku leer ist.
   - ☐ Je n'ai plus de batterie.
   - ☐ Je cherche ma batterie.

b Élise explique à un jeune comment aller de la station Gare de L'Est (ligne 5) à Bastille (ligne 8). Qu'est-ce qu'elle dit? ▶ Plan du métro de Paris: Livre, p. 280

____

____

____

Médiation

7 Dein 22-jähriger Cousin, der kein Französisch kann, möchte das kommende Wochenende in Paris verbringen. Er kennt Paris noch nicht und möchte in dieser kurzen Zeit so viel wie möglich von der Stadt besichtigen. Du erklärst ihm in einer E-Mail, wie er am besten und am günstigsten mit Bus und U-Bahn fahren kann und was er dabei beachten soll.

a Lies zuerst den Text und markiere die Stellen, die für diesen Zweck relevant sind. ▶ Méthodes, p. 191/24

www.RATP.fr

Ticket Jeunes Week-end

- Le Ticket Jeunes Week-end est réservé aux jeunes de moins de 26 ans. Il est utilisable le week-end ou un jour férié.
- Avec le Ticket Jeunes Week-end, vous pouvez prendre les différents transports d'Île-de-France: métro, RER, bus, tramway et train de banlieue.
- Le ticket est valable une journée (samedi, dimanche ou jour férié) de 0 h à 24 h. Vous pouvez acheter le Ticket Jeunes Week-end dans les stations du métro, du tramway et dans les gares RER.

Zones

• 1–3 (ville de Paris)	4,10 euros
• 1–5 (Paris et banlieue)	8,95 euros
• 3–5 (banlieue)	5,25 euros

Attention!
Le Ticket Jeunes Week-end se présente sous la forme d'un coupon magnétique. Avant toute utilisation, vous devez inscrire sur le coupon votre nom, votre prénom et la date d'utilisation. Lors d'un contrôle, on peut vous demander de justifier votre âge.

b Schreibe deinem Cousin die E-Mail auf Deutsch.

Vocabulaire

1 **Classe les mots et note-les en français avec l'article défini (si possible).**

la chambre: ______________________________

____

la ville: ______________________________

____

le métro: ______________________________

____

le bureau · le hamac · l'immeuble · l'étagère · le collège · l'armoire · la piscine
la chaise · la station · la librairie · le lit · le cinéma · le théâtre · la ligne (5)
l'université · la boulangerie · le quartier · changer à … · direction … · tu descends à …

Expression

2 **Écoute et coche le bon plan.**

1 ☐
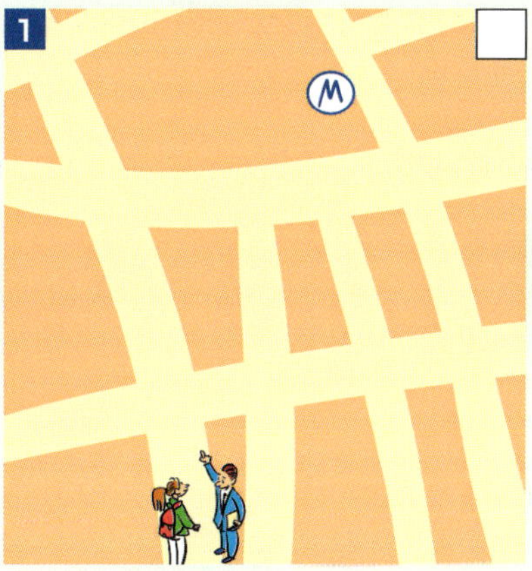

2 ☐
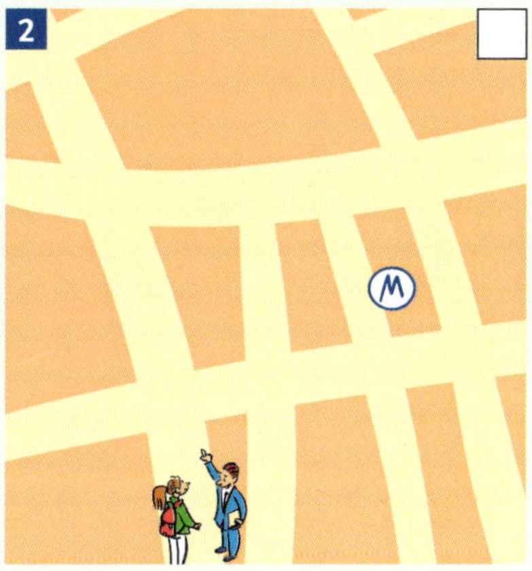

3 ☐
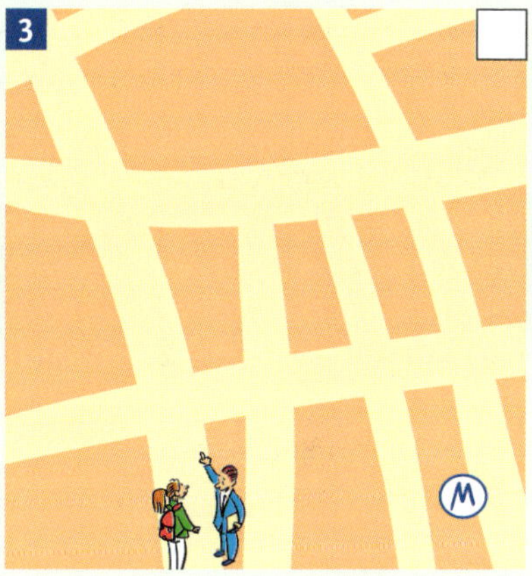

Die Präpositionen

3 **Écris sous chaque dessin la préposition qui convient.**

____

Die Verneinung *ne … pas*

4 **Réponds aux questions. Utilise *ne … pas*.**

1. Marie aime sa ville? Non, elle ______________________________
2. Les parents de Xian travaillent à Paris? ______________________________
3. Vous êtes souvent ici? ______________________________
4. Tu chattes avec tes copains? ______________________________

Die Possessivbegleiter *notre*, *votre*, *leur*, *nos*, *vos*, *leurs*

5 **Complète les mini dialogues.**

1. – Vous habitez ici avec ____________ parents et ____________ grand-mère?
   – Non, nous habitons ensemble avec ____________ mère et ____________ grand-mère. ____________ parents sont séparés.
2. – Lucas et Marie sont avec ____________ copains, aujourd'hui?
   – Non, ils sont avec ____________ parents à Bordeaux. ____________ père travaille là-bas.

Die Verben *aller au / à la*, *manger*, *prendre* und *faire*

6 **Grammaire mixte: Complète les mini dialogues par des formes des verbes** ***aller à la / au*****,** ***manger*****,** ***prendre*** **et** ***faire*****.**

1. – Qu'est-ce que vous ____________, aujourd'hui?
   – On ____________ nos devoirs et après, on ____________ piscine.
2. – Vous ____________ dans votre chambre ou dans la cuisine?
   – Nous ____________ dans la cuisine, mais notre sœur ____________ dans sa chambre.
3. – Vous ____________ souvent ____________ théâtre?
   – Non, mais nos parents ____________ souvent ____________ théâtre.
4. – Ils ____________ le métro et moi, je ____________ le bus.

Die Verben *dormir*, *partir* und *sortir*

7 **Complète les phrases par des formes des verbes** ***dormir*****,** ***partir*** **ou** ***sortir*****.**

1. Le chat ____________ sur la chaise.
2. Vous ____________ souvent le week-end?
3. Je ____________ demain à Genève.
4. Les jeunes ____________ au collège.
5. Tu ____________ dans ton hamac?
6. Nous ne ____________ pas: il pleut!

Grammaire mixte: *être*, die Verneinung und die Adjektive

8 **Complète les phrases. Pense à faire l'accord des adjectifs.**

1. Ma chambre ____________ très ____________, mais elle ____________ ____________. *(ne pas être grand • être joli/e)*
2. J'aime mon quartier. Les rues ____________ ____________ et les magasins ____________ trop ____________. *(être animé/e • ne pas être cher)*
3. Dans ma rue, il y a une boulangerie, mais elle ____________ ____________. Et il y a un musée, mais il ____________ très ____________. *(être cher • ne pas être intéressant/e)*

Il est quelle heure?

1 a La journée de Dinah: Écoute les phrases, puis note l'heure en chiffres dans ton cahier.

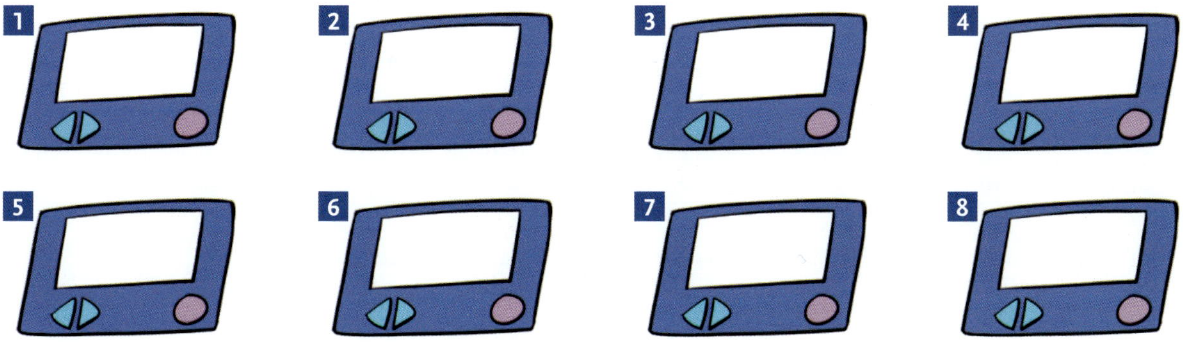

b À toi! Décris ta journée comme en a. Écris dans ton cahier.

2 Tu es à la gare. Écoute les annonces et souligne l'heure correcte.

1	12h55	12h56	12h57	3	18h16	18h46	18h36
2	15h48	15h58	15h38	4	20h44	20h40	20h14

3 Qu'est-ce qu'on dit pour cela? Complète par l'expression qui convient.

à quelle heure — être à l'heure — être en avance — être en retard — il est quelle heure — l'heure, c'est l'heure — ma montre avance

1. Lina a rendez-vous avec sa copine à trois heures. Elle arrive à trois heures et demie.

   ______________________.

2. Antoine a son cours de musique à quatre heures et quart. Il arrive là-bas à quatre heures moins le quart. ______________________.

3. Dounia a rendez-vous à la piscine à deux heures. Elle arrive là-bas à deux heures.

   ______________________. Pour Dounia, ______________________.

4. – Tu arrives ______________________?

   – Je ne sais pas, mon train n'arrive pas.

5. – ______________________?

   – Je ne sais pas, ______________________.

4 a Dis le contraire. Utilise *ne ... pas* et écris dans ton cahier. | Sage das Gegenteil.

1. – Tu as seize ans?
   – Non, je n'ai pas seize ans.
2. – Tu fais tes devoirs?
3. – Il cherches ses clés?
4. – Vous lisez des mangas?
5. – Elles sont dans leur chambre?

b Qu'est-ce qu'ils ne font plus? Utilise *ne ... plus*. Écris dans ton cahier.

manger à la cantine — aller au musée — poster des messages — prendre le métro — dormir à l'auberge de jeunesse — chatter avec ton cousin — oublier ses devoirs

Exemple: Karim ne mange plus à la cantine.

On fait la fête!

VOLET 1

Écouter et prononcer

1 a Écoute et lis en même temps le texte dans ton livre. ► Livre, p. 54–55

b Écoute, lis et répète. | Mit dieser Übung prägst du dir wichtige Redewendungen ein. Sie helfen dir, ein Gespräch zu führen. Hör zu und lies mit. Da, wo eine Lücke steht, hörst du zu und sprichst dann nach.

1. – L'anniversaire de Lili, [___]?
   – C'est le 28 avril.
   – [___]?
   – Oui, [___].
   – Elle fait sa fête où?
   – [___].
   – Qu'est-ce qu'on lui offre?
   – [___]?
   – Elle aime le gâteau au chocolat.
   – Bonne idée! [___].

2. – Le premier août, [___].
   – [___].
   – Tu as une idée?
   – Non, [___].
   – Qu'est-ce qu'il aime?
   – [___].
   – C'est cher, une balade en char à voile?
   – Ça va, [___].
   – On lui achète le cadeau samedi?
   – D'accord! [___]!

c Écoute encore une fois et écris les dialogues dans ton cahier.

Vocabulaire et expression

2 Retrouve les mois de l'année. Écris-les. | Finde die Monate wieder.

1. ivnaerj ______
2. ertepembs ______
3. sram ______
4. iam ______
5. lliuetj ______
6. tboorce ______
7. cemedbér ______
8. rliav ______
9. virfeér ______
10. inju ______
11. vemenbor ______
12. ûtao ______

3 Écoute et chante la chanson.

Les mois de l'année[1]

Écoute d'abord[2] et répète après!
Chante avec moi les mois en français!
Janvier, février, mars, avril,
Regarde, c'est facile!
Mai, juin, juillet, août,
Ensemble, on fait la route![3]

Septembre, octobre, novembre,
décembre,
On reste dans sa chambre!
Écoute d'abord et répète après!
Chante avec moi, les mois en
français!

1 **l'année** *f.* das Jahr 2 **d'abord** zuerst 3 **Ensemble, on fait la route!** Wir gehen den Weg gemeinsam!

S'entraîner

4 a «e», «é» ou «è»? Ajoute des accents (aigu ou grave) si nécessaire. ▶ Verbes, p. 180

1. Vous preferez le surf ou le char à voile?
2. On prefere le surf. On adore l'eau!
3. Moi, j'achete un gâteau, et vous?
4. Nous, nous achetons des lunettes de protection.
5. Tu preferes les romans policiers? Pourquoi?
6. Léo et Max preferent les bédés.
7. Nous, nous preferons les mangas!
8. Qu'est-ce que vous achetez pour la fête?
9. Tu achetes ton cadeau où?
10. Elles achetent un cadeau pour leurs parents.

b Écoute les phrases et vérifie tes résultats. Puis, répète les formes à voix haute.

5 a Entoure les compléments d'objet directs et souligne les compléments d'objet indirect. Puis note l'infinitif des verbes et leurs compléments.
▶ Grammaire, p. 167/1; Liste des mots, p. 222–223

> **Le savais-tu?** Lerne die Verben immer mit ihren Ergänzungen. So weißt du, ob das Verb ein direktes oder ein indirektes Objekt verlangt.

1. J'offre un jeu à ma copine. — offrir qc à qn
2. Luc téléphone à son copain. — ____________
3. Lisa achète un livre à son copain. — ____________
4. Marie demande l'heure au monsieur. — ____________
5. On montre des photos aux correspondants. — ____________
6. Jules apporte un gâteau à ses grands-parents. — ____________
7. Éva écrit un message aux filles de sa classe. — ____________

b Décris les dessins. ▶ Grammaire, p. 167/1; Liste des mots, p. 222–223

Bilal • Lisa

Zoé • Bilal • Nathan

Lisa • Zoé

Nathan • Bilal

1. Bilal offre un stylo à Lisa.
2. ____________
3. ____________
4. ____________

6 Retrouve l'ordre des mots et écris les phrases. ▶ Grammaire, p. 167/3

1. leur • des jeux. • achète • Elle ____________
2. pas. • Je • les • trouve • ne ____________
3. Biarritz. • un film • leur • Il • sur • montre ____________ →→→

4. Ils • la • c'est trop • ne • cher. • font • pas, ______________________

5. les • donne • Elle • clés. • lui ______________________

6. l' • Il • offre • copain. • son • à ______________________

7 **Entoure les compléments d'objet direct et souligne les compléments d'objet indirect dans les questions. Complète ensuite les réponses. Utilise *lui*, *leur* ou *le*, *la*, *l'*, *les*.** ▶ Grammaire, p. 167/1–3

1. – Qu'est-ce que tu offres à Paul pour son anniversaire?
   – Je lui ______ offre un livre sur les animaux.
   – Bonne idée, il aime trop les animaux, il ______ adore!
2. – Tu achètes le gâteau où?
   – Je ne ______ achète pas, je ______ fais chez moi.
3. – Qu'est-ce que vous apportez à Max et Tom?
   – On ______ apporte nos cadeaux.
4. – Est-ce que tu as l'adresse de Lina?
   – Non, je ne ______ ai pas. Je ______ demande. Tu as son numéro?
   – Oui, je ______ ai! Tu ______ écris un message?
5. – Nahia et Leïla font leur fête où?
   – Elles ______ font sur la plage de Biarritz. On ______ apporte des chips?

8 Grammaire mixte: **Nina écrit dans son blog, mais son texte ne lui plaît pas. Récris le texte dans ton cahier. Utilise des pronoms sujets et objets quand c'est possible.** ▶ Grammaire, p. 167/2–3

Pronomen ersetzen zum Beispiel Subjekte (*je*, *tu*, *il*, …), direkte (*le*, *la*, *les*, …) und indirekte Objekte (*lui*, *leur*, …). Mit ihrem Gebrauch vermeidest du Wiederholungen.

BLOG DE NINA

Nina003

Aujourd'hui, c'est l'anniversaire de ma sœur. Ma sœur a 15 ans. Ma sœur fait une fête avec ses copains. Ma sœur fait sa fête à la maison, dans le jardin. Ses copains offrent une balade en char à voile à ma sœur. Ses copains sont sympa! Moi, j'offre un poster à ma sœur. Je fais aussi un gâteau à ma sœur. Mais avant, je fais mes devoirs. Je fais mes devoirs dans ma chambre, avec une copine. Aujourd'hui, mes parents ne sont pas là. Mes parents sont chez mes grands-parents. Mes parents apportent un film à mes grands-parents et mes parents et mes grands-parents regardent le film ensemble.

9 **Un journaliste pose des questions à des jeunes de Biarritz. Trouve ses questions et écris-les. Utilise** *est-ce que* **ou** *qu'est-ce que*. ▶ Grammaire, p. 169/7

la plage de la Côte des Basques à Biarritz

1. ____

____

– À Biarritz, on aime la plage!

2. ____

____

– Après les cours, on va à la plage et on surfe[1]!

3. ____
– Oui, on aime beaucoup[2] notre ville!

4. ____
– Oui, on parle basque[3] à la maison.

5. ____
– Non, le basque n'est pas comme le français.

6. ____
– Oui, au collège, on parle français, mais on a aussi des cours de basque.

7. ____
– «Milesker»[4], ça veut dire «Merci!» en basque.

1 **surfer** surfen 2 **beaucoup** *hier:* sehr 3 **le basque** das Baskische eine Sprache 4 **«Milesker»** se prononce «mileshker».

Écouter et comprendre

10 a **Max et Lina vont à l'anniversaire d'Eneko. Écoute le dialogue, puis coche les phrases correctes.**

	vrai	faux
1. L'anniversaire d'Eneko, c'est le 4 avril.	☐	☐
2. Chez Eneko, c'est trop petit, alors, il fait sa fête chez son cousin.	☐	☐
3. Lina offre un livre à Eneko.	☐	☐
4. Eneko aime le tennis.	☐	☐
5. Paul fait un gâteau au chocolat.	☐	☐

b **Corrige les phrases fausses. Écris dans ton cahier.**

c **Écoute le dialogue encore une fois. Quand et où est la fête? Complète l'invitation.**

ON FAIT LA FÊTE!

Pourquoi? Parce que c'est mon anniversaire!

Quand? ____

Où? ____

STP, confirme.

ENEKO

VOLET 2

Lire et comprendre

DELF **1** **Relis le texte. Nico écrit à Florent. Trouve le bon message.** ► Livre, p. 60–61

Écouter et prononcer

2 a **Choisis un personnage (Nico ou Jade), puis, écoute le texte encore une fois et lis «tes» répliques à voix haute.** ► Livre, p. 60–61

b **Écoute et répète les mini-dialogues.**

1
– Quoi!? 99, 99 euros pour un tee-shirt! [...]!
– Mais, trois tee-shirts pour 18 euros, [...].

2
– J'ai 2,50 euros, mais le kébab coûte 3,50 euros. [...]?
– [...]: deux kébabs pour cinq euros!

3
– J'ai huit euros, [...].
– Alors, [...]!

4
– Trois euros, [...]!
– [...]!

Vocabulaire et expression

3 a **Jade et Nico font du shopping. Retrouve d'abord les mots et note les phrases.**

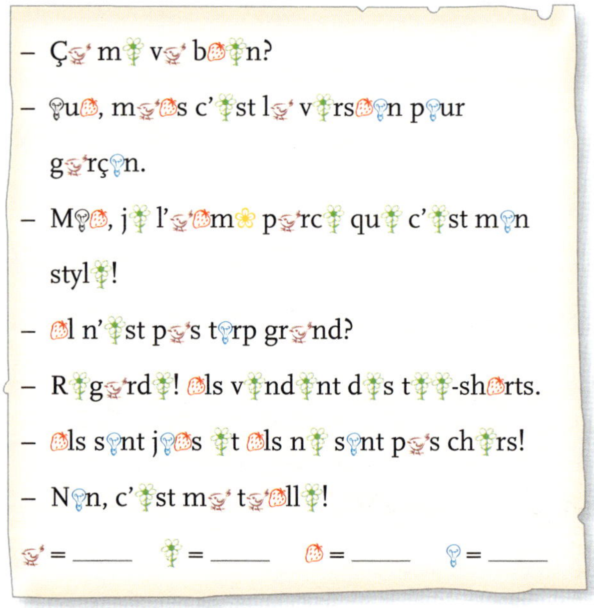

b **Maintenant, retrouvez l'ordre du dialogue et numérotez les phrases de 1 à 7. Puis, lisez le dialogue et enregistrez-vous[1].** ► Méthodes, p. 180/18–19

1 **enregistrez-vous** nehmt euch auf

S'entraîner

4 **Les jeunes sont dans la cour. Complète par les formes du verbe *dire*.** ▶ Verbes, p. 181

Merke dir diese drei Ausnahmen:
vous dites, vous êtes, vous faites.

5 **Tu es à Bayonne. Aide les touristes qui ne parlent pas français. Utilise** *Ils disent que* **ou** *Ils demandent si*.
▶ Grammaire, p. 168/4

6 **Idris et Juan retrouvent leurs copines Lin et Mathilde. Ils passent chez Lin mais elle n'ouvre pas. Idris lui téléphone. Complète les phrases par des formes des verbes** ***attendre*****,** ***descendre*** **ou** ***vendre*****.** ► Verbes, p. 180

Die Verben *attendre*, *descendre* und *vendre* werden gleich konjugiert.

– Salut, Lin. Tu ___________ dans la rue, s'il te plaît? Je suis devant ton immeuble.

– Salut Idris. Nous sommes déjà dans le bus. Vous prenez le bus et vous ___________ devant le Musée basque.

le musée basque à Bayonne

Dix minutes après.

– Salut, Lin. Nous ___________ le bus, mais il n'arrive pas …

– Ok, on vous ___________ devant le musée.

– Après le musée, je voudrais acheter un cadeau pour mon frère. Il aime les mangas.

– Près d'ici, il y a une librairie où je travaille. Là, ils ___________ des mangas. Je te fais un prix: Je te ___________ deux mangas pour 10 euros!

– C'est super! À plus!

7 a **Complète le message d'Inès par des pronoms d'objet direct.** ► Grammaire, p. 167/2

Chère Mamie,

Je suis en vacances, à Anglet avec ma copine Chloé et ses parents. Je ___________ envoie une photo du camping! Ici, on rencontre des jeunes. On ___________ retrouve à la plage et on fait des balades en char à voile ensemble! Le monsieur ___________ fait des prix! Nos copains ___________ montrent aussi la région. C'est très joli! Les parents de Chloé sont super! Je ___________ aime bien!

Je ___________ parle souvent de ma grand-mère préférée! ☺

Je ___________ écris quand? Tu ___________ envoies une photo de toi et du chat? Il va bien? Tu ___________ fais des bisous pour moi?

Je ___________ embrasse et je ___________ aime. ❤

Inès

b **Note tout ce que tu apprends sur Inès.** | Notiere alles, was du über Inès lernst.

8 Grammaire mixte: **Complète les mini-dialogues. Il y a parfois plusieurs possibilités.**

je crois que | penser que | dire que | écrire que | demande si | cathédrale | grand | ville | message | pique-nique | chers | romans | taille | me, nous, vous, l', lui, leur

1

J'ai un ____________ d'Alice. ____________ elle arrive à 2 heures. Ah, j'ai encore un message d'Alice. ____________ on ____________ attend.

2

– Tom ________ attend devant chez Fringue. ____________ ils ont des tee-shirts. ____________ Nahia aime bien leurs tee-shirts.

– Oui, mais ils sont chers. Je préfère aller chez Sape. ____________ ils vendent aussi des tee-shirts. Ils sont jolis et pas ____________.

3

– Le tee-shirt n'est pas trop ____________ pour Nahia?

– Non, ____________ c'est sa ____________.

– Hum. Je ne sais pas. On ____________ achète plutôt un livre? ____________ Nahia adore les ____________ d'amour.

4

– On retrouve Max demain?

– Max ne va pas au match demain. ____________ il a des devoirs. Mais il ____________ retrouve au centre-ville après. Qu'est ce que je ____________ écris?

– ____________ on ____________ attend devant la ____________ à 5 heures.

5

Tu as le numéro de Lisou: ____________ elle va à la fête du club? Ah, et ____________ je fais un ____________ samedi.

6

– Vous avez des nouvelles[1] de Medhi? Qu'est-ce qu'il ____________ écrit?

– ____________ ses grands-parents sont là. Il ____________ montre la ____________.

1 **des nouvelles** *f.* Neuigkeiten

Écouter et comprendre

9 a Regarde la carte de France. | Schau dir die Karte an. Welche Vorwahlen haben Paris, Straßburg, Lyon, Bordeaux und Rennes?

Exemple: Strasbourg, c'est le 03.

In Frankreich werden die Telefonnummern in zweistelligen Zahlen angegeben. Handnummern beginnen mit 06 oder 07.

b Écoute et coche le numéro de téléphone que tu entends.

Medientipps Telefonieren im Ausland: Du fährst bald nach Frankreich? Erkundige dich vorher bei deinem Handyanbieter, ob Roaming-Gebühren anfallen.

	a	b	c
1.	☐ 01.54.96.73.74	☐ 01.44.86.63.74	☐ 01.44.96.63.74
2.	☐ 03.68.78.40.35	☐ 03.68.78.14.35	☐ 03.68.68.40.37
3.	☐ 06.87.76.84.90	☐ 06.97.76.84.90	☐ 06.97.67.44.90
4.	☐ 06.74.72.37.94	☐ 06.64.62.35.94	☐ 06.74.62.37.94
5.	☐ 02.89.86.92.73	☐ 02.99.86.92.73	☐ 02.99.86.92.76
6.	☐ 04.72.94.90.55	☐ 04.72.94.86.55	☐ 04.62.84.90.55
7.	☐ 05.59.30.87.31	☐ 05.59.31.87.30	☐ 05.59.31.84.30

Médiation

10 Du bist mit einem französischen Freund und deiner Schwester in einer Buchhandlung verabredet. Dort wollt ihr einen Roman für euren Cousin besorgen. Du erhälst eine Nachricht von deiner Schwester. Teile deinem Freund mit, dass es eine Programmänderung gibt.
Tipp: Lies die Nachricht und überlege zunächst, was dein Freund wissen muss. ► Méthodes, p. 191/24

A: Dani

Hallo!
Ich bin immer noch bei meiner Freundin. Es tut mir leid, aber es wird bei mir nicht vor 16 Uhr klappen. Außerdem habe ich über das Geschenk nachgedacht. Ich weiß nicht, ob Felix sich über ein Buch freuen wird. Mir ist was Besseres eingefallen. Felix sammelt Handyhüllen. Warum kaufen wir ihm nicht lieber eine? Die sind nicht teuer, und ich kenne einen Laden, in dem man originelle findet. Was meinst du dazu? Also, ich schlage vor, dass wir uns um 16:15 Uhr vor „Kaufundkauf" treffen. Der Laden ist in der Römerstraße, rechts neben der Bäckerei „Plunder".
Also bis dann!
Lena

VOLET 3

Écouter et prononcer

1 a **Écoute le texte une fois et lis les répliques de Jules à voix haute. Puis, lis les phrases d'Éva.** ▶ Livre, p. 64–65

b **Écoute le texte. Puis, écris les mots dans la colonne correspondante.**

le beurre · le club · deux · euro · l'heure · un jeu · joyeux · un œuf · des œufs · un peu · peut-être · la sœur · le surf · le tee-shirt

[œ]	[ø]
______ ______	______ ______
______ ______	______ ______
______ ______	______ ______
______	______

S'entraîner

2 **Forme des phrases. Puis traduis en allemand les différents sens de *mettre* dans ces phrases.** ▶ Verbes, p. 182

1 Je **2** Tu **3** Il/Elle/On **4** Nous **5** Vous **6** Ils/Elles	• *mettre*	• un tee-shirt. • les œufs dans la pâte. • la pâte dans le moule. • le gâteau au four. • le moule sur la table. • un peu de cacao dans la pâte. • un poster sur la porte. • le paquet de sucre glace.

3 a **Iban fait un pique-nique avec ses copains. Qu'est-ce qu'il achète? Écris sa liste.** ▶ Grammaire, p. 168/5

Aides: **les biscuits** *m.* Kekse; **les bananes** *f.* Bananen

b **Iban téléphone à son copain Xabi. Qu'est-ce qu'il a déjà à la maison? Corrige la liste dans a.**

c **Orella fait des crêpes pour sa fête. Écoute et note ce qu'il faut acheter.**

4 **Un groupe de jeunes est à l'auberge de jeunesse à Biarritz. Ils lisent les règles de l'auberge. Qu'est-ce qu'il (ne) faut (pas) faire? Utilise** *il faut + inf.*

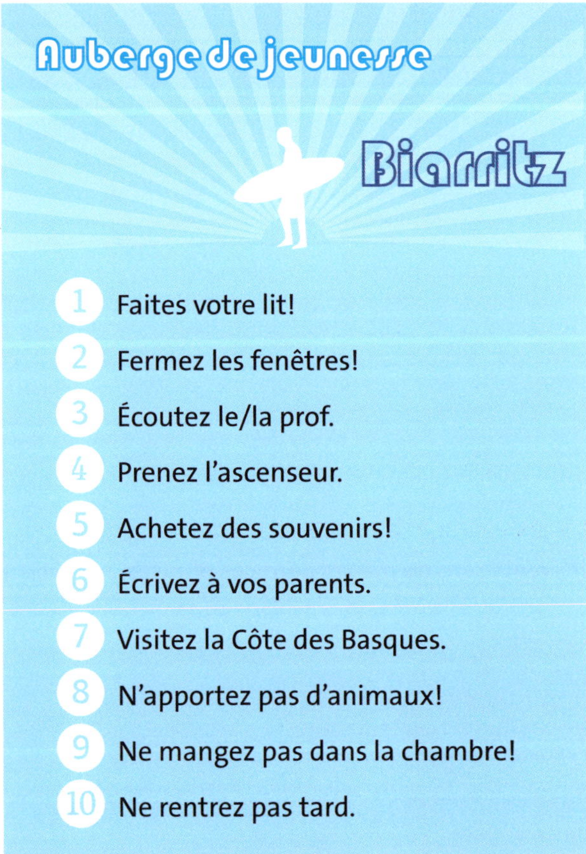

____

____

____

____

____

____

____

____

____

____

____

____

____

____

5 a **Orella va à la plage avec sa petite sœur de quatre ans. À ton avis, qu'est-ce qu'elle lui dit de faire ou de ne pas faire? Utilise l'impératif.** ► Grammaire, p. 169/6

1. traverser la rue sans moi[1]

____

2. être sage[2] et rester ici

____

3. aller dans l'eau sans moi

____

4. manger une pomme et prendre un peu d'eau

____

5. mettre mes lunettes sur le sable[3]

____

6. jouer avec les clés dans le sable

____

1 **sans moi** ohne mich   2 **sage** brav   3 **le sable** der Sand

b Forme les phrases à l'impératif. ▶ Annexe grammaire, p. 168/24

1. ne pas rester là • *rentrer* (1ère personne du pluriel)
2. *être* sympa • ne pas *manger* le chocolat du gâteau (2e personne du singulier)
3. ne pas *rentrer* tard • *être* à l'heure (2e personne du pluriel)
4. *écouter* le cours • ne pas *poser* des questions tout le temps (2e personne du pluriel)
5. ne pas *poser* le moule sur la table • mettre le gâteau au four (2e personne du singulier)
6. ne pas *m'attendre* • *partir* sans moi (2e personne du pluriel)
7. ne pas *avoir* peur[1] • *parler* à tes parents (2e personne du singulier)

1 **des nouvelles** *f.* Neuigkeiten

Médiation

6 Dein Bruder möchte dieses Rezept ausprobieren. Da er kein Französisch kann, erklärst du es ihm.

Gâteau basque

Temps de préparation:	40 minutes
Recette pour:	8 personnes

Ingrédients pour la pâte:

200 g de	beurre
4 jaunes d'	œufs
2	œufs
200 g de	sucre
400 g de	farine
3 g de	sel
1/2 paquet de	levure
un peu d'	œuf pour dorer

Ingrédients pour la crème:

1/4 l de	lait
2 jaunes d'	œufs
1	œuf
120 g de	sucre
50 g de	farine
1 gousse de	vanille

Préparation

1. **Préparer la pâte.** Couper le beurre en morceaux. Ajouter le sel et le sucre et bien mélanger.
2. Ajouter les jaunes, puis les œufs et bien mélanger.
3. Ajouter la farine et la levure ensemble et travailler la pâte.

1. **Préparer la crème.** Mélanger ensemble le sucre, les jaunes et l'œuf.
2. Ajouter la farine et bien remuer.
3. Couper la gousse de vanille en deux et la vider de ses graines. Mettre le lait à bouillir avec les graines de vanille et la gousse.
4. Retirer la gousse de vanille, verser le lait chaud sur le mélange sucre/œufs/farine et bien remuer.
5. Mettre sur le feu pendant 5 minutes environ et remuer sans arrêt.

1. Étaler la pâte sur 1/2 cm d'épaisseur et faire deux disques. Mettre le premier disque dans un moule jusqu'aux bords du moule.
2. Ajouter la crème au centre et l'étaler, puis refermer avec le deuxième disque.
3. Dorer la pâte avec un peu d'œuf et mettre au four (à 180°) pendant 30 minutes environ.

Bon appétit!

On egin![1]

1 **On egin!** [ɔnegin] bon appétit en basque

Parler

7 **Du unterhältst dich mit einem Freund über Mias Geburtstag.**

Partenaire A	Partenaire B
Frage, was B Mia schenkt. *(offrir qc à qn)*	Antworte, dass du kein Geschenk hast. Ihr könntet gemeinsam etwas schenken. *(on pourrait – un cadeau – ensemble)*
Das ist eine gute Idee! Ihr könntet ihr ein Buch schenken. *(une bonne idée – on pourrait)*	Frage, was sie mag. *(aimer qc)*
Du weißt nicht. Sie mag vielleicht Krimis. *(croire qc – le roman policier)*	Sage, dass ihr ihr einen Gutschein für ein Buch schenken könnt. *(un bon)*
Du bist einverstanden.	Frage, ob Mias Eltern Ihr eine Armbanduhr schenken. *(offrir qc à qn – une montre)*
Nein, sie schenken ihr keine Armbanduhr. Sie schenken ihr einen Gutschein für einen Strandsegelkurs. *(ne pas de – un bon – une balade en char à voile)*	Das ist eine gute Idee! Das Strandsegeln ist ihr Ding und Mia liebt den Strand. *(une bonne idée – le truc – adorer qc – la plage)*
Frage, ob Mia Chips für ihre Party kauft. *(acheter qc)*	Antworte, dass sie keine Chips kauft. *(ne pas de)*
Frage, ob sie einen Kuchen für ihren Geburtstag macht. *(faire qc – un gâteau)*	Sie macht keinen Erdbeerkuchen, aber sie macht einen Schokokuchen. *(un gâteau aux fraises)*
Sage, dass du Schokoladenkuchen magst. Der Schokoladenkuchen von Mia ist super. *(aimer qc)*	Stimme zu.
Frage, ob Mia ein Programm für ihre Party vorbereitet. *(préparer qc)*	Antworte, dass sie kein Programm vorbereitet, aber du bringst deine Playlist mit. *(apporter qc)*

Écrire

8 a **Un/e ami/e francophone adore le gâteau au chocolat. Écris la recette du gâteau au chocolat de Jules, p. 64–65 de ton livre, pour l'envoyer à ton ami/e. Utilise il** *faut + inf.* ► Livre, p. 64–65

Recette Dessert

Gâteau au chocolat

INGRÉDIENTS POUR DIX PERSONNES

– ______________________

– ______________________

– ______________________

– ______________________

– ______________________

– ______________________

b **Écris un mail à ton ami/e pour lui donner la recette.**

Die Sonderzeichen auf der Tastatur sind auf der hinteren Umschlaginnenseite.

Vocabulaire

1 a Qu'est-ce que Nahia achète pour faire un gâteau basque au chocolat? Écoute et coche les dessins.

1  ☐ 2  ☐ 3  ☐ 4  ☐ 5  ☐

6  ☐ 7  ☐ 8  ☐ 9  ☐ 10  ☐

b Qu'est-ce qu'elle achète pour son pique-nique? Note.

____

Expression

2 Tu es en France chez ton ami Max. Qu'est-ce que tu lui dis? Écris les phrases.

1. Frage Max, wann Tom Geburtstag hat.
2. Frage ihn, ob Tom feiert.
3. Frage ihn, wo er feiert.
4. Schlage ihm vor, ein gemeinsames Geschenk zu machen.
5. Frage ihn, was ihr ihm schenkt.
6. Du hast eine Idee: ihr könntet ihm einen Kriminalroman kaufen. Das ist nicht zu teuer.
7. Sage Max, dass du ihn morgen um 15 Uhr vor der Buchhandlung triffst.

Die Verben

3 Grammaire mixte: Complète les dialogues par une forme d'*acheter*, *attendre*, *mettre* (2 x), *préférer* (2 x) ou *vendre*.

1. – On ____________ la coque de portable avec les poissons?
   – Je ____________ la coque avec les chats. Et vous, vous ____________ quoi?
2. – Je vous ____________ devant le magasin «Pacher».
   – Non, au «Pacher», ils ne ____________ pas de tee-shirts!
3. – Vous ____________ 500 g de farine? C'est trop!
   – On ne ____________ pas 500 g mais 50 g de farine!

Der Imperativ

4 Forme les phrases à l'impératif.

1. *être* sympa • ne pas *parler* tout le temps (2e personne du pluriel)
2. *aller* au marché et *acheter* des pommes (2e personne du pluriel)
3. ne pas *m'attendre* demain • *aller* au collège avec Marie (2e personne du singulier)
4. *mettre* 100 g de sucre et ne pas *oublier* le beurre (2e personne du singulier)
5. ne pas *manger* ici • *aller* chez moi (1re personne du pluriel)

Die Mengenangaben

5 **Complète le texte.**

Je vais au marché et j'achète ______________________  (500 g) et ______________________  (1 kg). Après, je vais au supermarché. Là, j'achète ______________________ , ______________________ , et ______________________  (250 g). Maintenant, je vais à la boulangerie et j'achète ______________________ . Je rentre à la maison et je mange ______________________  avec ______________________  (un peu).

Die indirekte Frage und die indirekte Rede

6 **Forme les phrases.**

C'est Jonathan. Il dit qu'il ...

1. Je suis malade. Il dit qu'il ______________________
2. Je suis au lit et je regarde un manga. ______________________
3. On a des devoirs pour demain? ______________________
4. Vous allez au cinéma? ______________________

Das indirekte Objekt, die direkten und indirekten Objektpronomen

7 **Grammaire mixte: Complète le dialogue par les pronoms, les verbes et les mots dans la case.**

anniversaire	cher	d'accord	français	lunettes	vrai

Félix: Qu'est-ce qu'on ____________ *(offrir)* Louise pour son ____________?
Nadia: On pourrait ____________ acheter des ____________. Je ____________ *(demander)* Mia si elle est d'accord. Ah, elle ____________ envoie un message! Elle ____________ dit que c'est trop ____________.
Félix: Oh, regarde! Le roman «Tschick» en ____________! On ____________ prend?
Nadia: Pour Louise? Bof! Ah, Mia ____________ écrit. Elle ____________ demande si on est ____________ pour acheter un poisson. C'est ____________, Louise a un aquarium avec beaucoup de poissons. Elle ____________ aime! Attends, je ____________ montre une photo du poisson. Il est super! Qu'est-ce que je ____________? *(écrire)*
Félix: Moi, je suis d'accord. J'____________ *(envoyer un message)* à Paul et Marie et je ____________ dis qu'on achète un poisson. Je ____________ demande aussi s'ils ____________ *(faire un cadeau)* à Louise.

Quelle est ta fête préférée?

1 a Pendant l'année, il y a plusieurs fêtes et traditions. Retrouve les expressions et note-les dans ton cahier. Parfois, il y a plusieurs solutions. | Manchmal gibt es mehrere Lösungen. ▶ Livre, p. 72–73; Liste des mots, p. 225–227

allumer · apporter · chercher · coller · danser · décorer · faire (2 x) · manger · ouvrir · retourner · retrouver · souhaiter · trouver

1 le sapin • 2 des bougies • 3 des blagues • 4 dans les rues • 5 la famille • 6 la fève • 7 les cadeaux • 8 à l'école • 9 des crêpes • 10 une bûche de Noël • 11 la «bonne année» aux gens • 12 des plats et des boissons • 13 des œufs et des poissons en chocolat • 14 des poissons en papier dans le dos des gens

b Fais des phrases avec les expressions de a et note-les dans ton cahier.

À Noël, on prépare une bûche de Noël. ____________________

2 De quelle fête est-ce que les jeunes parlent? Écoute et note le bon numéro.

☐ 
☐ 
☐ 
☐ 

3 a Fais une fiche pour le verbe *commencer*. ▶ Verbes, p. 179

b C'est la fête de la musique. Complète les phrases par des formes du verbe *commencer*. ▶ Verbes, p. 179

1 

– Tu ____________________ à quelle heure aujourd'hui?
– Les concerts ____________________ à 8 h, mais aujourd'hui, je ____________________ à 9 h.

2 

– Vous ____________________ ou nous ____________________?
– On ____________________!

4 a Simon rencontre Lara à la fête de la musique. Qu'est-ce qu'il demande? Complète ses questions par *quel*, *quels*, *quelle* et *quelles*. ▶ Grammaire, p. 169/62

1. ____________________ est ton adresse?
2. ____________________ sont tes hobbys?
3. ____________________ est ton livre préféré?
4. ____________________ sont tes fêtes préférées?

b Qu'est-ce que Lara répond? Trouve les réponses aux questions de a. Note les numéros.

_____ Ce sont les crêpes.
_____ Il y a beaucoup de concerts sur la place de la République.
_____ Moi, j'aime Noël parce qu'il y a des cadeaux.
_____ J'habite 5, rue du Grenier.
_____ J'aime les livres d'Yves Grevet. Il sont super!

Hier kannst du deine Französischkenntnisse der *Unités 1–3* überprüfen. Mache zuerst den *Bilan* im Schülerbuch, S. 76–77. Überprüfe deine Lösungen online. Blättere durch das Heft und fülle das Portfolio aus.

Kommunikative Kompetenz

Hör-/Hörsehverstehen

Ich kann ...

- [ ] Arbeitsanweisungen verstehen.
- [ ] eine Wegbeschreibung verstehen.
- [ ] das Alter, Preise, Daten und Uhrzeiten verstehen.
- [ ] Hörtexten die Hauptaussagen entnehmen (z. B. Interview, Einkaufsliste).
- [ ] Hör-Sehtexten die Hauptaussagen entnehmen (z. B. Reportage, Rezept).

Schreiben

Ich kann ...

- [ ] Tätigkeiten beschreiben.
- [ ] kurze Texte (z. B. eine Postkarte, einen Blog) schreiben.
- [ ] ein Profil über mich schreiben.
- [ ] etwas verneinen.
- [ ] mein (Traum)Zimmer beschreiben.
- [ ] (m)einen Wohnort vorstellen.
- [ ] eine Textnachricht schreiben.

Sprechen

Ich kann ...

- [ ] jemanden begrüßen und mich verabschieden.
- [ ] mich und (m)eine Familie vorstellen.
- [ ] sagen, wie es mir geht.
- [ ] sagen, wie ich etwas finde / was mir (nicht) gefällt.
- [ ] ein Zimmer / eine Wohnung / einen Ort beschreiben.
- [ ] nach dem Weg fragen und eine Wegbeschreibung verstehen.
- [ ] (m)einen Geburtstag / ein Datum angeben.
- [ ] über ein Geschenk sprechen.
- [ ] ein Einkaufsgespräch führen.

Lesen

Ich kann ...

- [ ] Arbeitsanweisungen in meinem Buch und meinem Arbeitsheft verstehen.
- [ ] Texte (z. B. szenische Texte, Fotoroman, Textnachricht, Postkarte, Artikel, Chat, Interview) verstehen.
- [ ] kurzen Texten (z. B. Profil und Nachricht im Internet) gezielt Informationen entnehmen.
- [ ] Orte auf dem Stadtplan von Paris wiederfinden.
- [ ] Routen auf dem Metroplan von Paris finden.
- [ ] ein Rezept und Mengen verstehen.

Interkulturelle Kompetenz

Ich kenne ...

- [ ] Begrüßungsformen in Frankreich.
- [ ] die französische Adressangabe.
- [ ] etwas über das Leben und Sehenswürdigkeiten in Paris.
- [ ] weitere Gegenden in Frankreich (Bayonne und die Umgebung, das Baskenland).
- [ ] typische französische Rezepte.

Methoden

Ich kann ...

- [ ] selbstständig mit dem Französischbuch arbeiten.
- [ ] Texte und Wörter über Fotos und Sprachkenntnisse erschließen.
- [ ] Wortschatz sammeln und strukturieren.
- [ ] beim Hören Notizen machen.
- [ ] wesentliche Informationen aus dem Französischen ins Deutsche übertragen.
- [ ] Informationen einer anderen Fremdsprache zum Sprachmitteln nutzen.
- [ ] mit dem zweisprachigen Wörterbuch arbeiten.

VOLET 1

Écouter et prononcer

1 a **Écoute et lis en même temps le blog de Séverine.** ▶ Livre, p. 80

b **Écoute le texte encore une fois. Interromps l'écoute après chaque profil (Anaëlle, Martin, Clem, etc.) et lis les profils à voix haute.** | Mache nach jedem Profil eine kurze Pause. ▶ Livre, p. 80

Vocabulaire et expression

2 **Notiere zehn Wörter, die du dir gerne merken möchtest und schreibe sie auf Klebezettel, die du in deinem Zimmer anbringst.** ▶ Liste des mots, p. 228; Méthodes, p. 184/1

S'entraîner

3 a **Fais une fiche pour les verbes** *connaître* **et** *boire*. ▶ Verbes, p. 181

b **Louise écrit des sketchs. Complète son sketch par des formes du verbe** *connaître*. ▶ Les verbes, p. 181

– Je ______________ quelqu'un qui[1] ______________ quelqu'un qui[1] te ______________. Tu le ______________?

– Non, je ne le ______________ pas. Vous le ______________, vous?

– Oui, nous le ______________, les copains aussi le ______________! Tout le monde[2] le ______________!

– Ah bon, et c'est qui?

– Je ne sais pas!

1 **quelqu'un qui ...** *hier:* jemanden, der/die ...
2 **tout le monde** *(3. Pers. Sing.)* alle

c **Les touristes sont au café. Complète par les formes du verbe** *boire*.

1

2

3

4

4 a Paul répond aux questions de *Magajeunes*. Imagine ses réponses. Donne plusieurs exemples. Écris dans ton cahier. ► Grammaire, p. 170/30

Sondage

Maga Jeunes

Qu'est-ce que tu aimes faire?
Et qu'est-ce que tu n'aimes pas faire? Écris à Magajeunes!

♥ aimer ♥♥ préférer ♥♥♥ adorer 👎 ne pas (trop) aimer + *infinitif* ☠ détester

♥ lire dans mon hamac
♥ faire des gâteaux
♥♥♥ sortir avec mes copains
♥♥♥ regarder des matchs de foot
☠ attendre le bus
☠ être en retard
👎 prendre le bus – ♥♥ prendre le métro
👎 aller au théâtre avec mes parents –
♥♥ aller au concert avec mes copains

J'aime lire dans mon hamac ...

b Et toi? Réponds aux questions de *Magajeunes*.

5 a Un journaliste de *Magajeunes* interviewe des jeunes. Complète le dialogue par *faire du, de la, de l', des* ou *ne pas faire de*. ► Grammaire, p. 169/28

– Est-ce que vous ______ sport?
– Oui, moi je ______ canoë-kayak.
– Moi, je ______ danse.
– Moi, je ______ VTT.
– Non, moi, je ______ sport!

– Est-ce que vous ______ musique?
– Oui, moi, je ______ accordéon.
– Moi, je ______ percussions.
– Moi, je ______ piano.
– Non, moi, je ______ musique!

b Et toi? Réponds au journaliste. ► Grammaire, p. 169/28; Liste des mots, p. 227–230

DELF

6 a Écoute la chanson «Vanessa n'aime pas ça». Coche les hobbys que tu entends. Attention, il y a deux dessins en trop. ▶ Online

Aides: **l'aviron** das Rudern **le violoncelle** das Cello **c'est comme ça** so ist das eben

b Ajoute une strophe à la chanson.

Victor	Noémie	Juliette	Aldo	Léon
Nicolas	Dominique	Germain	Yannis	
Charlotte	Matt	Amal		
le basket	ses copains	les carottes	le tennis	
les maths	l'accordéon	le chocolat	le judo	
la musique	ses amies	le handball	le sport	

Medientipps Posten in sozialen Netzwerken
In sozialen Netzwerken kannst du nur die Medien (Bilder, Filme, Musik, Texte) posten, für die du das Urheberrecht besitzt, d. h., die du selbst erschaffen hast und die dein Eigentum sind. Wenn du Medien von anderen Personen nutzen willst, brauchst du deren Erlaubnis.

7 Écris ce que les jeunes font. Utilise *jouer à* ou *jouer de*. ▶ Grammaire, p. 170/29

jouer **à**:
(jeu, sport d'équipe)
jouer **de**:
(instrument de musique)

1

Les filles jouent ______ tennis.

2

Oui, mais il joue ______ flûte.

3

On joue ______ pelote basque?

4

Je joue ______ accordéon.

5

Bintou va jouer ______ piano.

6

Tu joues aussi ______ percussions?

7

– Qu'est-ce que vous voulez faire? – On joue ______ foot!

8

Tu joues ______ échecs avec moi?

8 Complète les profils d'Esther et de Koffi.

▶ Mots pour le dire, p. 269; Liste des mots, p. 227–230

Salut, moi, c'est Esther, je suis de Lacanau. Je suis ____________: je mange beaucoup de légumes! J'adore ça, mais ____________ les carottes! Je suis ____________, je suis pour la protection de la nature! Je suis ____________: je suis dans un club de surf.

la surfeuse Justine Dupont

Je ____________ du surf après les cours, le week-end et pendant les vacances! ____________, c'est la surfeuse Justine Dupont! Elle habite à Lacanau comme moi!

Salut! Je m'appelle Koffi et je suis de Bordeaux. J'aime bien manger et je suis ____________: j'adore le poisson! Je rigole tout le temps et j'adore ____________ ____________! Je suis ____________: j'écris des sketchs. Je suis ____________ Omar Sy. Je connais ses sketchs et ses films. J'aime la

l'acteur et humoriste Omar Sy

musique. La guitare est mon instrument préféré! Je joue ____________ guitare dans un groupe! Mon ____________ ____________, c'est la maison de ma grand-mère, à Dakar!

Écouter et comprendre

9 Sarah se présente. Écoute ce qu'elle dit et coche la bonne réponse.

DELF

1. Sarah est de ____________.
2. Sarah est gourmande, mais elle n'aime pas
   - ☐ le chocolat.
   - ☐ les gâteaux.
   - ☐ les fraises.
3. Sarah n'est pas très sportive, mais avec son frère elle fait du ____________.
4. Sarah adore chanter et elle chante comme son idole
   - ☐ Louane.
   - ☐ Zaz
   - ☐ Tal
5. Sarah est créative. Elle fait ses ____________ ____________

Écrire

10 Tu cherches un/e correspondant/e en France. Écris ton profil.

▶ Livre, p. 80; Mots pour le dire, p. 269

nom, âge, ville, look, hobbys, passions
aimer le/la/les ____ / aimer/détester/préférer faire qc
faire du / de la / des ____ / jouer au, à la, aux ____
être sportif/-ive / ____ / être abonné à ____ / être membre de ____

Tu cherches des correspondants?
Va sur le site de l'OFAJ.

VOLET 2

Écouter et prononcer

1 a **Écoute et lis en même temps le dialogue.** ▶ Livre, p. 84

b **Prends le rôle de Thomas. Écoute et lis à voix haute les phrases de Thomas pendant les pauses.** ▶ Livre, p. 84

c **Prends le rôle de Gabin. Écoute et lis à voix haute les phrases de Gabin pendant les pauses.** ▶ Livre, p. 84

d **Écoute et coche les bons dessins. Puis, répète ces virelangues le plus vite possible.** | Höre diese Zungenbrecher und wiederhole sie korrekt und so schnell du kannst.

☐ 

☐ 

☐ 

Vocabulaire et expression

2 **Fais deux associogrammes sur la mode / les accessoires et les vêtements. Écris-les avec l'article défini.**
▶ Liste des mots, p. 230–232

3 **Tu voudrais acheter un nouveau tee-shirt. Tu regardes un site en ligne et tu discutes avec ton corres. Écrivez un dialogue, puis jouez-le.** ▶ Livre, p. 84; Les mots pour le dire, p. 272

Écouter et comprendre

DELF

4 a **Alice et ses copains font du shopping. Combien est-ce qu'ils dépensent[1]? Écris les nombres en chiffres.**

Alice ________ € Dalia ________ € Jules ________ € Hugo ________ € Manon ________ €

1 **dépenser (41) euros** (41) Euro ausgeben

b **Qu'est-ce qu'ils achètent? Lis les prix et trouve la solution.**

Alice achète ______________________________

____

____

____

____

S'entraîner

5 **C'est l'anniversaire de Camille. Qu'est-ce que ses copains mettent pour sa fête? Décris-les. Utilise l'article indéfini** *un, une, des* **et des adjectifs de couleur. Écris dans ton cahier.** ▶ Livre, p. 84

> Die Adjektive *orange* und *marron* sind unveränderlich:
> *Je mets des chaussettes orange avec mes chaussures marron.*

1 
Arthur

2 
Mia

3 
Sacha

4 
Soline

6 **Trouve des réponses possibles. Utilise les pronoms disjoints** *moi, toi, lui, elle, vous, eux* **et** *elles.*
▶ Grammaire, p. 171/33

1 

2 

3 

4 

5 

6 

7 **Complète les mini dialogues par des formes de** *beau* **(3 x),** *nouveau* **(3 x) ou** *vieux* **(4 x).** ▶ Grammaire, p. 170/31

1. – Thomas a toujours des ______________________ vêtements.
   – Non, il recycle ses ______________________ vêtements!
2. – Comment est-ce que tu trouves ma ______________________ veste?
   – Super! Elle a des ______________________ couleurs!
3. – Je déteste mon ______________________ pantalon. Je voudrais un ______________________ jean!
   – Chez «Indigo», ils vendent des ______________________ jeans pas trop chers.
4. – Rémi habite dans une ______________________ maison de 1800!
   – Elle est ______________________ , mais elle est ______________________ avec son grand jardin!

8 Grammaire mixte: **Mets les adjectifs à la bonne place et pense à faire l'accord.** ▶ Grammaire, p. 170/31; p. 171/32

1. Les ______________________ ont souvent des ______________________!
   (kreative Leute / schöne Ideen)
2. J'aime les ______________________, par exemple, les jeans et les sweat-shirts.
   (praktische Kleider)
3. J'adore ton ______________________ et ta ______________________! (große Tasche / kurzer Rock)
4. Moi, je préfère les ______________________ et les ______________________
   ______________________. (lange Kleider / kleine Taschen)
5. Mercedes, c'est la ______________________ aux ______________________
   ______________________. (sportliches Mädchen / schwarze Turnschuhe)
6. C'est une ______________________, elle a des ______________________
   ______________________. (hübsches Mädchen / schöne Haare)
7. J'aime bien les ______________________, c'est la ______________________!
   (kurze Hosen / neue Mode)

Lire et comprendre

9 a **Lis la bédé.** ▶ Méthodes, p. 186/8

1. Beschreibe die Situation: Worum geht es?
2. Notiere die unbekannten Wörter und erschließe sie über die Bilder, deine Sprachkenntnisse, über Wortfamilien und den Kontext.

Beispiele:
une paire = ein Paar → über Sprachkenntnisse erschließen
les ciseaux = die Schere → über den Kontext erschließen
les rideaux = die Vorhänge → über das Bild erschließen

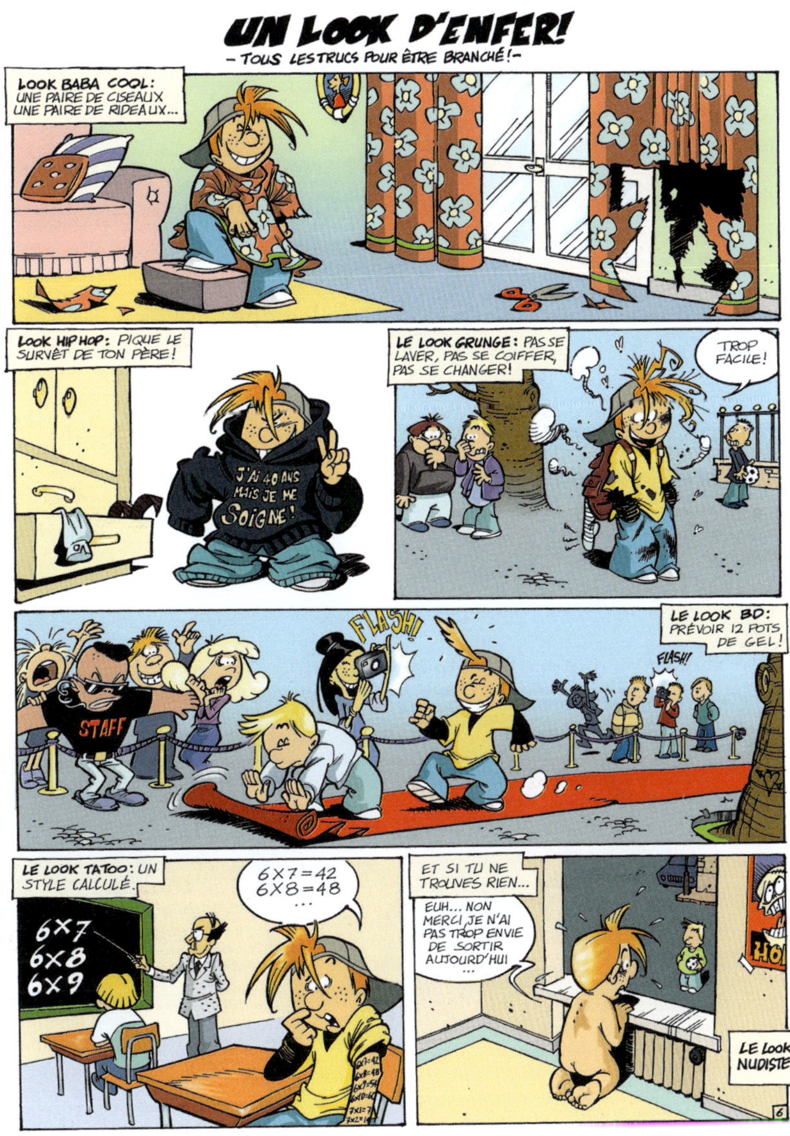

b **Raconte la bédé en allemand.**

c **À toi, fais un dessin ou un collage pour un «look gourmand». Tu peux aussi écrire deux ou trois phrases.**

VOLET 3

Écouter et prononcer

1 a Écoute et lis en même temps le texte. ► Livre, p. 88

b Répète les phrases. ► Livre, p. 88

Lire et comprendre

2 Lis les phrases et retrouve l'ordre du dialogue. Puis, écris-le dans ton cahier.

- ☐ Oui, ça peut être cher. Je vais là-bas pour trouver des nouvelles idées.
- ☐ Qu'est-ce que tu fais?
- ☐ Je fais mes devoirs.
- ☐ Ok, à quelle heure est-ce que vous partez?
- ☐ Super! À dimanche.
- ☐ Ce n'est pas trop cher?
- ☐ On veut être là à trois heures. On peut venir te chercher vers deux heures.
- ☐ Écoute, dimanche, on veut aller au marché des créateurs recycleurs. Tu veux venir avec nous?

Vocabulaire et expression

3 a Trouve les mots qui manquent. | Schau dir die Wörter, die du bereits kennst an, um weitere Wörter aus der gleichen Wortfamilie zu finden. ► Liste des mots, p. 232–233; Méthodes, p. 186/8.3

nom	adjectif	verbe
________	écolo / écologique	–
________	créatif / créative	*créer*
________	________	recycler
la beauté	________	–
la longueur	________	–
la nouveauté	________	–

Le savais-tu? Neue Wörter kannst du manchmal über die Wortfamilie erschließen. Lerne sie mit den Wörtern aus der Wortfamilie zusammen.

b Qu'est-ce que ces personnes font? Utilise les mots de a.

1

Jérémy

2

Sandra

3

Laila et Lilli

4 a Tu veux aller au ciné avec un copain. Qu'est-ce que tu dis? Réponds en français. Écris les phrases dans ton cahier. ► Les mots pour le dire, p. 271

1. A: Melde dich am Telefon.
2. B: Du gehst ins Kino. Frage einen Freund, ob er mitkommen will.
3. A: Dein Freund kann nicht zu dir kommen.
4. B: Sage ihm, es ist kein Problem. Du holst ihn ab.
5. A: Frage deinen Freund, wann er nach Hause gehen will.
6. B: Sage ihm, dass der Rückweg eine Stunde dauert.
7. A: Sage deinem Freund „Alles klar!" und verabschiede dich.

Il y a **un** (problème). ≠
Il n'y a pas **de** (problème).
C'est **un** (problème). ≠
Ce n'est pas **un** (problème).

b Comparez le dialogue de a et jouez-le.

S'entraîner

5 Grammaire mixte: Complète les phrases par des formes de *venir* ou *aller*. ► Verbes, p. 180–181

1. Nous ______ au parc bordelais. Vous ______ avec nous?
2. Est-ce que Mia ______ aussi ou est-ce qu'elle ______ à Lacanau?
3. Je ______ te chercher à 15 heures et on ______ à la fête ensemble.
4. Tu ______ de Bordeaux? Moi, je ______ à Bordeaux, en juillet!
5. Samedi, mon oncle et ma tante ______ chez nous! Et dimanche, ils ______ chez mes grands-parents, à Arcachon.
6. Vous ______ à la plage? Nous ______ avec vous!

6 a Écoute la chanson du verbe *pouvoir*. Tu peux la chanter en même temps. ► Verbes, p. 181

b Écris maintenant la chanson du verbe *vouloir*. ► Verbes, p. 181

7 Complète les phrases. Utilise des formes des verbes *devoir*, *pouvoir* ou *vouloir* et les éléments entre parenthèses. ► Grammaire, p. 171/34

devoir, *pouvoir* und *vouloir* sind Modalverben. Wie im Deutschen folgt ihnen noch ein Vollverb.

1. Vous ______ dans une heure à Arcachon? Alors, vous ______ maintenant! (arriver • partir)
2. Lina ______ avec sa copine en ville, mais elle ______. (faire du shopping • faire ses devoirs)
3. Est-ce que vous ______ chez moi avant le concert? Je ne connais pas le Bootleg de Bordeaux. (passer)
4. Ma mère est d'accord, je ______ au cinéma avec vous, mais je ______ à la maison à 18 heures. (aller • être)
5. Max et Lili ______ avec leurs copains, mais ils ______ leurs grands-parents à la gare. (sortir • accompagner)

8 a La corres de Ben a beaucoup de questions. Réponds à la négative, comme dans l'exemple. Utilise des pronoms d'objet. ▶ Grammaire, p. 172/35

1. – Est-ce que Marie peut accompagner son amie?
   – Non, elle ne peut pas l'accompagner.
2. – Tu veux me transformer en écolo?
   – ____________________
3. – Vous pouvez venir nous chercher?
   – ____________________
4. – Est-ce que tu veux écrire à tes copains pour Noël?
   – ____________________
5. – Est-ce que tu dois faire ton lit, le matin?
   – ____________________
6. – Tu veux prendre le métro pour aller au centre-ville?
   – ____________________

b Écris encore deux mini dialogues comme en a avec les verbes *dire qc à qn* **et** *attendre qn*.

9 Grammaire mixte: Complète le dialogue par des formes d'*aller, attendre, venir, vouloir/pouvoir/devoir* **+** *inf.* **et des pronoms d'objet.**

la rue Sainte-Catherine, à Bordeaux

Lou: Allô, Léane, c'est moi! Je ____________ au centre-ville avec Jade. Tu ____________ avec nous?

Léane: C'est sympa, mais je ne ____________ pas vous accompagner.

Lou: Pourquoi?

Léane: Je ____________ faire mes devoirs ... Je ____________ apprendre mon vocabulaire d'allemand.

Lou: C'est bête! Jade et moi, on ____________ faire du shopping dans la rue Sainte-Catherine, on ____________ aller chez «Jolijean». Ils ont des super jeans pas chers! Tu ____________ faire tes devoirs après, peut-être? On ____________ les faire ensemble!

Léane: Je ne sais pas, je ____________ demander à mon père.

Léane ____________ demande. Une minute plus tard.

Lou: Alors, il est d'accord?

Léane: Oui, je ____________, mais je ____________ être à la maison à 18 heures.

Lou: Pas de problème! On t'____________ devant chez «Jolijean» à 14 heures, ça va?

Léane: Non! Je ____________ être là à 14 heures 30.

Lou: Ça marche! À plus!

Écouter et comprendre

10 Écoute et coche les bonnes réponses. Est-ce que les personnes qui parlent sont plutôt contentes *(zufrieden)* ou plutôt pas contentes?

	1	2	3	4	5	6	7	8	9
😊									
😠									

Lire et comprendre / Médiation

11 a Regarde les dessins, puis lis l'article dans b. Note le numéro du texte dans la case correspondante.

☐ 

☐ 

☐ 

☐ 

b Ton ami Paul n'a pas d'idée de cadeau d'anniversaire pour sa sœur et il n'a pas beaucoup d'argent ... Tu sais que sa sœur est fan d'ordinateurs. Tu lis un article de magazine français qui donne des idées sympa pour recycler son ordinateur. Écris un mail et donne ces idées à Paul qui ne comprend pas français.

Recycle ton vieil ordi!

Tu ne sais pas quoi faire de ton vieil ordinateur cassé qui prend trop de place dans ta chambre? Tu peux le recycler! Voici des idées faciles à réaliser.

1 La jolie clé personnalisée
Tu cherches toujours la clé USB ou tu la confonds avec la clé de ton voisin? Colle sur ta clé les trois touches de clavier U, S et B!

2 Le sac personnalisé trop cool!
Tu ne veux pas utiliser de feutre à tissu pour personnaliser ton sac comme tes copains le font? Alors, écris ton prénom ou ton mot préféré avec des vieilles touches de clavier! Passe un peu d'alcool sur l'endroit où tu veux mettre les touches. Ensuite, fixe les touches avec une colle forte.

3 Le taille-crayon vraiment pratique
Démonte et vide ta souris de ses éléments électroniques. Perce la coque avec un objet pointu. Ensuite fais un trou avec une lame de ciseau.
Colle un taille-crayon dans la coque, puis referme la souris.

4 Le cadre photo des beaux souvenirs
Ouvre une souris à coque transparente et enlève les éléments électroniques. Découpe une photo de la taille et de la forme de la coque. Mets la photo au fond et referme la souris. Mets un peu de scotch transparent.

Tu n'as pas de vieil ordinateur? Alors, demande à ta famille et à tes amis!
Ils connaissent peut-être quelqu'un qui ne veut plus de son vieil ordinateur.

Parler

12 **Tu es à Bordeaux pour les vacances avec ta famille. Tu téléphones à un copain / une copine bordelais/e.**

a **Décidez qui est A et qui est B et préparez le dialogue. A commence.**

b **Jouez le dialogue. Puis échangez les rôles et recommencez.**

Partenaire A = jeune français/e	Partenaire B = jeune allemand/e
Dein Handy klingelt. Melde dich.	Du rufst A an. Melde dich und sage, dass du während der Ferien in Bordeaux bist. *(être à Bordeaux – pour les vacances)*
Frage, was B heute macht. *(faire aujourd'hui)*	Sage, dass du mit deinen Eltern ins „musée d'Aquitaine" gehst. *(mes parents)* 
Frage, was B morgen macht. *(demain – quoi)*	Nichts. Deine Eltern wollen in eine Ausstellung gehen, aber du willst nicht. *(une exposition)*
Schlage vor, gemeinsam einen Spaziergang zu machen. *(une balade – ensemble)*	Sage, dass es eine gute Idee ist.
Fragt, wo er/sie hingehen will und ob er/sie eine Idee hat. *(Où est-ce que?)*	Antworte, dass du im Zentrum shoppen gehen möchtest. *(le centre-ville)*
Sage, dass du einverstanden bist. Ihr könnt in die „rue Sainte-Catherine" gehen, dort gibt es viele Geschäfte. *(un tas de – le magasin)*	Frage, was ihr danach macht. *(après)*
 Antworte, dass ihr zum „miroir d'eau" gehen könnt, im Sommer ist es super! *(en été)*	Frage, wo das ist.
Erkläre, dass es an der „place de la Bourse" ist. Schlage vor, danach zu ihm/ihr nach Hause zu gehen. *(chez moi)*	Sage, dass du einverstanden bist und frage, wo und um wie viel Uhr ihr euch trefft. *(retrouver qn – à quelle heure?)*
Antworte, dass du sie/ihn abholen kannst. Frage, wo er/sie wohnt. *(passer chercher qn – habiter)*	Antworte, in einem Hotel neben dem Dom. *(à côté de)* 
Sage: Treffpunkt vor dem Dom um 11 Uhr. Frage, ob es passt. *(rendez-vous – devant)*	Antworte, dass du nicht vor 14 Uhr kannst. *(avant)*
Sage, dass ihr euch morgen um 14 Uhr vor dem Dom trefft. *(retrouver qn)*	Sage „Alles klar!" und verabschiede dich.

Vocabulaire

1 a Note les hobbys avec l'article défini.

1. ______________________
2. ______________________
3. ______________________
4. ______________________

5. ______________________
6. ______________________
7. ______________________
8. ______________________

1. Fotolia / kaycco; 2. www.coulorbox.de / Colourbox.com; 3. shutterstock / Luis Molinero; 4. www.coulorbox.de / Colourbox.com; 5. shutterstock / ostill; 6. Fotolia / RAJCREATIONZS; 7. shutterstock / Boris Medvedev; 8. www.coulorbox.de / Roman Gorielov

b Écoute le texte et réponds.

	aime / adore	n'aime pas / déteste
1. Lou		
2. Adam		
3. Nora		
4. Gad		

Fotolia/Ivan Kopylov

Expression

2 Yann parle de son ami Martin à son frère. Comment est-ce qu'il dit cela?

1. Martin liest jede Menge Artikel und hat Zeitschriften abonniert.
2. Wir haben viel Spaß miteinander. Er macht ständig Witze.
3. Martin ist kein Schlemmer: er mag keinen Kuchen!
4. Er ist kreativ und liebt es, neue Ideen zu entdecken.
5. Er ist kein Fashion-Fan, das ist nicht sein Ding.
6. Er recycelt seine Kleidung und trägt gerne zu große Pullis und zu lange Jacken!

Die Verben *faire de*, *jouer de* und *jouer à* + bestimmter Artikel

3 a Qu'est-ce qu'il font? Complète les phrases par *faire de* + article défini.

1. Leïla ______________________ flûte.
2. Amir et Max ______________________ basket.
3. Nina ______________________ percussions.
4. Mon frère ______________________ VTT.

Fotolia / Barcelona Dreams

b Complète les phrases par *jouer de* ou *jouer à* + article défini.

1. Je ______________________ tennis dans un club.
2. Lisa ______________________ piano dans un groupe.
3. Il ______________________ accordéon dans la rue.
4. On ______________________ échecs dans le parc.

Fotolia / Halfimages

Les verbes

4 Grammaire mixte: **Complète les mini-dialogues par des formes des verbes** *connaître, boire, vouloir, pouvoir, devoir* **ou** *venir.*

1. – Qu'est-ce que vous ____________?
   – On ____________ un thé.
2. – Tu ____________ chez moi?
   – Je ne ____________ pas, j'ai des devoirs.
3. – Vous ____________ Alice?
   – Non, on ne la ____________ pas.
4. – Qu'est-ce que vous ____________ faire?
   – On ____________ aller au cinéma.
5. – Tom et Lili ne ____________ pas avec vous?
   – Non, ils ____________ être chez eux à 14 h.

Die Stellung der Adjektive

5 **Retrouve l'ordre des mots, écris les phrases et fais l'accord des adjectifs.**

1. des | recyclent | Mes | objets | copains | vieux | .
2. m' | Les | pratique | intéressent | objets | beau | .
3. nouveau | mon | aimes | pull | ? | ma | Tu | veste | et | nouveau
4. avec | mettre | des | chaussettes | beau | des | court | . | J'aime | pantalons
5. c'est | le | bleu, | Sarah | . | garçon | ami | Le | pull | de | au | nouveau
6. sa | Louis | montre | ses | vieux | vieux | adore | et | lunettes | .
7. la | aux | Miriam, | et | c'est | yeux | long | cheveux | fille | marron | . | aux

Die unverbundenen Personalpronomen

6 **Complète les réponses.**

1. – Marius, c'est toi?
   – Oui, c'est ____________.
2. – Tu travailles à côté de Paul?
   – Oui, je travaille à côté de ____________.
3. – On va chez Lou et Mia?
   – D'accord, on va chez ____________.
4. – Vous partez avec Tom et Nora?
   – Oui, on part avec ____________.

1 **Complète les définitions par les pronoms relatifs** *qui*, *que/qu'* **ou** *où*. **Puis, fais le quiz.** ▶ Grammaire, p. 173

1. C'est un vêtement ________ on met sur un pull. C'est ______________
2. C'est un endroit ________ on prépare à manger et ________ on mange. C'est ______________
3. C'est un jeu ________ vient du Pays basque. C'est ______________
4. C'est un jour ________ on fait des blagues. C'est ______________
5. C'est un homme ________ joue au foot. C'est ______________
6. C'est quelque chose ________ on utilise pour écrire. C'est ______________
7. Ce sont les gens ________ habitent à Paris. Ce sont ______________

2 a **Yaël passe ses vacances chez ses grands-parents au Pays basque. Complète son blog par** *où*, *que*, *qui*, *à qui*, *avec qui*, *chez qui*. ▶ Grammaire, p. 173

Me voilà au Pays basque! Mes grands-parents, ______________ je passe toujours mes vacances, habitent à Espelette. Aujourd'hui, je retrouve mon amie Nahia ______________ habite la maison à côté et ______________ je passe mes journées! Nahia, c'est une fille ______________ je connais depuis[1] toujours, ______________ j'aime beaucoup et ______________ je fais un tas de trucs! C'est aussi une amie ______________ je dis tout[2] et ______________ m'écoute. Aujourd'hui, on va à la plage, à Hendaye ______________ ses amies Arboa et Izarra veulent nous retrouver. Ce sont des filles très sympa ______________ je rigole bien et ______________ je raconte un tas de trucs aussi. Aujourd'hui, elles viennent avec un copain ______________ elles veulent faire du surf. Moi, je n'aime pas le surf, je ne suis pas très sportive. Mais Iñaki (c'est son prénom) ______________ surfe très bien, veut me donner des cours. Il me dit qu'Hendaye est un endroit ______________ on peut bien apprendre à surfer. Je suis tout le temps dans l'eau! Le surf, ce n'est vraiment pas mon truc, mais on rigole beaucoup et demain, on retourne à Hendaye!

1 **depuis** seit   2 **tout** alles

b **Vrai ou faux? Relis le blog et coche. Puis, corrige les phrases fausses.**

	vrai	faux
1. Pendant les vacances, Yaël va toujours au Pays basque.	☐	☐
2. Elle habite chez des amis.	☐	☐
3. Nahia est une très bonne copine de Yaël.	☐	☐
4. Yaël adore le surf.	☐	☐
5. Iñaki est professeur de sport.	☐	☐

Un collège en Bretagne

VOLET 1

Écouter et prononcer

1 a Écoute et lis en même temps les textes dans ton livre. Choisis un des deux textes (Gwen ou Loïc), puis écoute ce texte encore une fois et lis-le à voix haute. ► p. 102–103

b Ludivine raconte sa journée. Écoute, lis et répète.

Le mercredi, [___].
Je commence [___].
Le matin, [___].
À midi, [___].

L'après-midi, [___].
À 15 heures, [___] mon cours de piano.
[___] à 17 heures.
Quand je rentre, [___].

2 a Écoute et répète les jours.

b Écoute et ajoute le jour suivant à voix haute.

c Dis un jour de la semaine. Ton/Ta partenaire répète et ajoute les deux jours suivants.

Exemple: **A:** mercredi **B:** mercredi, jeudi, vendredi

Vocabulaire et expression

3 Retrouve les mots et note-les avec l'article défini. ► Liste des mots, p. 235–238

	les consonnes	les voyelles
1	TLTTS	OIEE
2	RCRTN	ÉÉAIO
3	CR	OU
4	NFRMR	IIEIE
5	LNG	AUE
6	TCHNLG	EOOIE
7	RTSPLSTQS	AAIUE
8	MTR	AIÈE
9	SRVLLNT	UEIA
10	PHSQCHM	YIUEIIE
11	CNTN	AIE
12	SLL	AE
13	CLSS	AE
14	HSTRG	IOIEÉO
15	GMNS	YAE
16	MPLDTMPS	EOIUE

le mot
les toilettes

b Forme des phrases avec un maximum de mots de a.

aller à | manger à | retrouver qn | avoir

____

____

____

____

c Lis le poème à voix haute.

On a cours
tous les jours:
SVT et arts plastiques,
EPS, maths et physique.
Allemand, français, anglais, musique,
histoire-géo et aussi techno.
On a cours
tous les jours.
Moi, j'adore l'allemand!
Et ton emploi du temps?

4 Remplis et présente l'emploi du temps de tes rêves à un/e partenaire. ► Liste des mots, p. 235–238

Le lundi / mardi / ___.
J'ai cours de ___ à ___ heures.
Je commence/finis à ___ heures.
J'ai ___ heures d'anglais / de maths / ___.
J'ai des cours de/d'___.
Je n'ai pas (de cours) de/d'___.
J'ai / Je n'ai pas cours le matin / l'après-midi / le lundi / ___.
La récréation / pause déjeuner est de ___ à ___ heures.
Mon/Ma prof de ___ est ___.

	LUNDI	MARDI	MERCREDI	JEUDI	VENDREDI
....	....	....	....	....	....
....	....	....	....	....	....
....	....	....	....	....	....
....	....	....	....	....	....
....	....	....	....	....	....
....	....	....	....	....	....
....	....	....	....	....	....
....	....	....	....	....	....
....	....	....	....	....	....
....	....	....	....	....	....

S'entraîner

5 **Gwen et Loïc racontent leur semaine. Utilise** *lundi* **ou** *le lundi*. **Écris les phrases dans ton cahier.**
▶ Liste des mots, p. 235

Gwen
- montags – *avoir* cours de 8 heures à 17 heures
- dienstags – *dormir* jusqu'à 8 heures
- mittwochs – *être* une journée courte
- an diesem Samstag – *aller* chez sa copine Pauline

Loïc
- mittwochs – *finir* à 12 heures 15
- donnerstags – *rater* toujours la récréation
- an diesem Donnerstag – *rentrer* déjà à 14 heures
- samstags – ne pas *aller* à l'école

6 a **Complète par les formes correctes des adjectifs.** ▶ Grammaire, p. 174/39

1

Je suis ______________.

2

Le film est ______________.

3

Vous êtes ______________.

4

Je suis ______________ en anglais.

5

Je suis ______________ en EPS.

6

C'est une fille ______________.

7

Je suis ______________ en histoire-géo.

8

J'aime les plats ______________.

9

Les tee-shirts sont ______________.

b **C'est qui? Imagine et décris les deux personnes. Utilise les adjectifs** *bon, moyen, nul, génial, ennuyeux, original, sérieux, heureux* **et pense à faire l'accord. Écris dans ton cahier.** ▶ Grammaire, p. 174/39

7 **Les élèves et les professeurs sont à l'école. Qu'est-ce qu'ils disent? Complète les mini-dialogues par les formes correctes des verbes *choisir*, *finir* et *réfléchir*.** ► Verbes, p. 180

1. – Vous ________ quelle langue? – Nous ________ le breton.
2. – On regarde la télé? – Je ________ d'abord mes devoirs.
3. – Les élèves sont intelligents. – Oui, ils ________ d'abord et répondent après.
4. ________ maintenant et donnez-moi vos interros.
5. – L'interro est difficile. – Alors il faut bien ________!
6. – Qu'est-ce qu'il ________? SVT ou EPS? – SVT, parce qu'il est sportif.

8 a Grammaire mixte: Caroline raconte son lundi. Complète son mail. Attention: Parfois, il y a plusieurs possibilités.

Pense à faire l'accord des verbes et des adjectifs.

les verbes: *finir*, *choisir*, *réfléchir*
les adjectifs: bon, moyen, nul, original, génial
les connecteurs: après, le matin, l'après-midi, le soir, d'abord, ensuite
les heures: à 8 heures 15, à 10 heures, à 7 heures, à 16 heures 45, à midi

A: Lena

Salut!

Tu veux savoir comment se passe une journée à mon collège. Alors, je te présente mon lundi. ________, je peux dormir jusqu'________ et les cours commencent ________. ________, j'ai deux heures d'EPS – c'est ________. Je suis ________ en EPS, mais notre prof crie beaucoup, ce n'est pas ________. ________, c'est la récréation et je peux voir mes copains. ________, j'ai une heure d'allemand. Mes notes en allemand sont ________. La prof, Madame Sonnenwald, a toujours des idées ________. ________, je vais à la cantine avec ma copine Cécile. Nous ________ toujours des frites. ________, j'ai encore un cours de maths où il faut beaucoup ________. ________, je ________ ma journée à l'école par un cours d'histoire-géo et je peux rentrer ________. ________, je dois encore faire mes devoirs et je regarde la télé avec mes parents.

Voilà, c'est mon lundi. Et toi, comment est-ce que tu passes tes journées au collège?

À plus, Caroline

b Réponds à Caroline.

9 **Qu'est-ce que tu fais quand ...? Forme des phrases. Puis, pose des questions à ton/ta partenaire.**
► Grammaire, p. 173/38

VOLET 2

Écouter et prononcer

1 a **Écoute et lis en même temps le texte dans ton livre.** ▶ Livre, p. 107

b **Choisis ton rôle. Puis, écoute le texte encore une fois et lis tes répliques à voix haute.**

Lire et comprendre

2 **Lis le texte dans ton livre, puis corrige les dix fautes dans le résumé suivant.** ▶ Livre, p. 107

Mme le Gall discute avec ses élèves pour préparer un rallye pour leurs correspondants anglais. Les élèves proposent une expo sur leur collège et un rallye à Carnac. Ils veulent aussi envoyer les correspondants chez le CPE, le principal et la documentaliste. Mme Le Gall propose de jouer une pièce de théâtre, mais Sarah pense que c'est trop difficile. Elle pense aussi que la gavotte bigoudène est trop difficile pour les correspondants.
Mme Le Gall va parler avec M. Tanguy, le prof de sport, pour voir si le gymnase est libre, et avec le principal pour demander s'ils peuvent avoir un menu spécial à la cantine.
L'après-midi, les élèves et Mme Le Gall veulent faire une balade et du géocaching sur la Côte de granit rose. Après leur retour au collège, les élèves veulent encore faire un concours de photos.

Vocabulaire et expression

3 **C'est le week-end. Vous voulez retrouver une copine. Utilisez les mots et expressions ci-dessous. Faites un dialogue. Puis, jouez-le devant la classe.** ▶ Mots pour le dire, p. 271

faire du char à voile • un pique-nique • ___
aller à la piscine • au cinéma • à un match de foot • ___
être trop cher • ennuyeux • nul • intéressant • compliqué • ___

Écouter et comprendre

4 **Une semaine à Perros-Guirec. La prof d'allemand donne le programme. Écoute le texte et complète.**

JOUR / ACTIVITÉS	jeudi	vendredi
matin	Cours À quelle heure? ___ Où? ___	Visite de Carnac Départ à quelle heure? ___ Où? ___
midi	Où? ___	Où? ___
après-midi	À quelle heure? ___ Quoi? ___	Retour[1] à Perros-Guirec Départ à quelle heure? ___

1 **le retour** die Rückfahrt

S'entraîner

5 **Qu'est-ce que Jade va faire pendant les vacances? Qu'est-ce qu'elle ne va pas faire? Écris les phrases au futur proche dans ton cahier.**

▶ Grammaire, p. 174/40

Das *futur proche* wird auch *futur composé* genannt.

1

2

3

4

5

6

7

8

6 a **Retrouve les formes du verbe *voir* dans la grille. Tu peux lire la grille de haut en bas ↑ et de gauche à droite →. Puis, note la conjugaison.** ▶ Verbes, p. 181

A	O	S	C	L	V	A	J
Y	M	S	L	V	O	I	S
N	W	K	V	Q	I	C	J
V	O	Y	O	N	S	A	J
Y	P	O	I	Y	V	F	Q
V	O	Y	E	Z	X	H	V
Q	C	B	N	A	F	M	V
V	O	I	T	K	G	W	F

je ________________

tu ________________

il/elle/on ________________

nous ________________

vous ________________

ils/elles ________________

b **Écris quatre phrases ou des questions avec *voir* et les expressions ci-dessous. Tu peux aussi utiliser *ne ... pas*.**

Pierre ~~vendredi~~ samedi
grands-parents souvent / le week-end / ne ... plus
un spectacle original
porter des lunettes

shutterstock / pikselstock

1. ________________
2. ________________
3. ________________
4. ________________

7 *Savoir* **ou** *pouvoir*? **Complète les phrases.** ▶ Verbes, p. 181

1

– Est-ce que je ________ t'aider?

– Je ne ________ pas, Madame. Est-ce que vous ________ où est la salle de physique-chimie?

2

Il ________ parler anglais, mais il ne ________ pas le parler avec sa petite sœur parce qu'elle ne ________ pas encore parler.

3

Mon frère et moi, nous ________ faire un gâteau au chocolat. Mais nous ne ________ pas le faire. Nous n'avons pas de beurre.

4

– Est-ce que tu ________ comment s'appelle ce prof?

– Non, je ne ________ pas te le dire.

5

Beaucoup de gens ne ________ pas qu'on ________ faire du géocaching sur la Côte de granit rose.

8 Grammaire mixte: **Éric et Rafik attendent Max pour faire du géocaching ensemble. Complète leur dialogue avec les bonnes formes des verbes** *connaître*, *savoir*, *pouvoir*, *venir*, *arriver* **et** *aller* **au présent ou à l'infinitif.** ▶ Verbes, p. 180–181

Éric: Tu ________ si on a des devoirs d'anglais pour demain?

Rafik: Je ne suis pas sûr. Mais je ne ________ jamais les faire! Ils sont toujours trop difficiles.

Éric: Regarde! Max ________. Rafik, je te présente Max.

Rafik: Je le ________ déjà! Il est dans la classe de mon frère. Salut, Max!

Éric: Ah, d'accord! Rafik, Max, vous ________ où il faut ________ pour trouver la cache?

Rafik: Oui, moi, je ________! Je ________ très bien cette forêt. Vous ________ avec moi, je vous montre le chemin.

Éric: Parfait! Ce week-end, tu aimerais faire du surf avec moi?

Rafik: Non, je ne ________ pas. Mes parents et moi, on ________ chez mes grands-parents.

Éric: C'est dommage! Et toi, Max, tu ________ avec moi?

Max: Non, je n'ai jamais fait de cours. Je ne ________ pas faire de surf.

Éric: Zut! Mais nous ________ quand même aller à la plage ensemble?

Max: Oui, bonne idée! Alors, où est la cache?

Éric: Elle est ici. Rafik, Max, ________ vite! Vous ________ m'aider à sortir la boîte?

Écrire

9 **Ton ami/e français/e vient en Allemagne et vous faites des projets pour demain après-midi. Écris le chat à droite.** ► Mots pour le dire, p. 271

Er/Sie begrüßt dich und fragt, ob du morgen Nachmittag Unterricht hast.

Du grüßt zurück und antwortest, dass du mittwochs nach der Mittagspause immer noch Deutsch von 13:30 Uhr bis 14:15 Uhr hast.

Er/Sie fragt, ob ihr danach zusammen etwas machen könnt. (*futur proche*)

Du stimmst zu und schlägst vor, ins Schwimmbad zu gehen. (*futur proche*)

Er/Sie ist nicht so begeistert und schreibt, dass es nicht sein/ihr Ding ist.

Du schlägst vor, ins Kino zu gehen und einen Film auf Deutsch zu sehen.

Sein/Ihr Deutsch ist nicht besonders gut ...

Du fragst ihn/sie, was er/sie gerne machen möchte.

Er/Sie schlägt vor, im Stadtzentrum spazieren zu gehen und Pizza zu essen.

Du findest das eine tolle Idee und schreibst, dass du Pizza liebst. Ihr könnt trotzdem ins Kino gehen. Es gibt einen Film mit Elyas M'Barek. Er ist super und ihr werdet viel lachen! (*futur proche*)

Er/Sie schreibt, dass er/sie um 15 Uhr zu dir kommt (*futur proche*) und fragt ob du einverstanden bist.

Du bist einverstanden und verabschiedest dich bis morgen.

Er/Sie verabschiedet sich.

Chat

VOLET 3

Écouter et prononcer

1 a Écoute et lis en même temps le texte dans ton livre. Puis, lis le texte à voix haute. Il y a des passages difficiles pour toi? Écoute encore une fois et répète. ▶ Livre, p. 111–112

b Écoute, lis et répète.

1\. – [___]?
– Non, [___].
– Mais la techno, [___]?
– Oui, [___].
– [___] une salle d'informatique?
– Non, la technologie est [___].

2\. – Le plat aujourd'hui, [___] habite dans l'eau?
– Tu veux dire un poisson? [___]
– [___] La galette, c'est un gâteau, non?
– Non, la galette bretonne, [___]!
– [___], mais une crêpe salée.

Vocabulaire et expression

2 Trouve dans le texte comment on dit cela. ▶ Livre, p. 111–112; Mots pour le dire, p. 273

1. Du meinst einen Fisch? Ja, genau.

____

2. Ihr könnt eine Vorspeise, eine Hauptspeise und einen Nachtisch nehmen.

____

3. Eine Galette ist ein Kuchen, oder?

____

4. So etwas haben wir an unserer Schule nicht.

____

5. Trinkt ihr während des Essens nichts?

____

____

6. Es steht immer eine Karaffe Wasser auf dem Tisch.

____

____

Le savais-tu?
Manchmal kennst du ein französisches Wort nicht. Du kannst es dann umschreiben. Notiere dir fünf Wendungen, die du gerne zur Umschreibung nutzt.

Écouter et comprendre

3 a Les élèves sont à la cantine. Écoute et complète le menu de la cantine.

b Qu'est-ce que les jeunes prennent? Écoute encore une fois et note dans ton cahier.

- Entrée -

____

- Plat -

____

- Dessert -

____

4 **Lis l'article et note la bonne lettre.** ► Mots pour le dire, p. 270

Les endroits importants au collège

☐ *Là, tu peux lire des livres, des magazines, des B.D. et regarder des DVD. Tu peux aussi surfer sur Internet et faire tes devoirs.*

☐ *Ici, tu peux retrouver tes copains à midi et manger avec eux. C'est l'endroit idéal pour parler et rigoler un peu pendant la pause déjeuner.*

☐ *Attention! Il y a une porte pour les filles et une porte pour les garçons! Aller là pendant la récré est une bonne idée parce que pendant les cours, les profs sont contre ...*

☐ *Stop! ⛔ Les profs vont là avant ou après un cours. C'est leur «salle de récréation» et tu ne peux pas entrer!*

☐ *Ici, c'est le sport d'abord. C'est génial après deux heures de maths ou une interrogation ...*

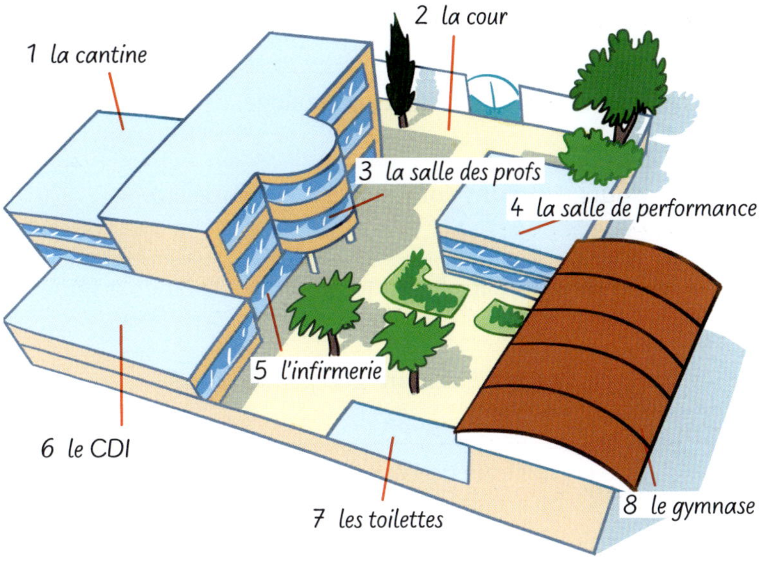

☐ *Voici un endroit sympa à la récré parce que tu retrouves tes copains.*

☐ *Ça ne va pas? Ici, quelqu'un est là pour toi et il y a aussi un lit et des médicaments.*

☐ *Ton prof n'est pas là? Tu n'as pas cours? Ici, tu peux faire tes devoirs.*

S'entraîner

5 **Retrouve l'ordre des mots et écris les phrases dans ton cahier.** ► Grammaire, p. 175/43

1. veux ne Tu en aller jamais Bretagne?
2. l' Loïc rien école. fait ne pour
3. jamais ne mange de Je crêpes.
4. comprennent Les Gwen de parents rien. ne
5. ne Nous pour pouvons aider rien Maelys. faire
6. nous! Vous avec ne. sortir voulez jamais

6 **Violaine aime bien son corres allemand, mais ... Écoute Violaine et complète ses phrases. Utilise** *ne... rien* **et** *ne... jamais*. ► Grammaire, p. 175/43

1. Lui, il ne danse jamais dans les fêtes.
2. Lui, il ______________________________
3. Lui, il ______________________________
4. Lui, il ______________________________
5. Lui, il ______________________________
6. Lui, il ______________________________
7. Lui, il ______________________________

7 **Magajeunes pose des questions aux élèves du collège «Les Sept Îles». Trouve les questions. Utilise** *est-ce que + pourquoi / quand / comment / quel/le… / combien de …* . ► Grammaire, p. 175/41–42

1. ______________________________
   J'aime le mardi parce que je peux dormir jusqu'à 8 heures.
2. ______________________________
   Je prends le bus pour aller au collège.
3. ______________________________
   Le cours de maths commence à 13 heures 30.
4. ______________________________
   Mme Le Gall. Elle choisit toujours des thèmes originaux.
5. ______________________________
   J'ai trois heures d'histoire-géo par semaine.
6. ______________________________
   J'aime la musique de Louane.

Médiation

8 **Du bist mit deinem Austauschschüler Yanis in der Mensa deiner Schule. Er versteht nicht alles und du hilfst ihm.**

Freitag, 7. Juni 2019

	Menü 1	Menü 2
VORSPEISE	Karottensalat	Karottensalat
HAUPTSPEISE	Spaghetti	Fisch mit Kartoffelpüree
NACHTISCH	Kuchen	Obstsalat

Du: Was willst du essen?

Yanis: Euh, je ne comprends pas bien le menu. Qu'est-ce que cela veut dire «Vorspeise», «Hauptspeise» et «Nachtisch»?

Du: ______________________________

Yanis: Alors, comme plat, il y a des spaghettis. Non, je n'aime pas trop les spaghettis. Et dans le menu 2, il y a … euh «Kartoffelpüree», je comprends, c'est la purée de pommes de terre, mais qu'est-ce que ça veut dire, «Fisch»?

Du: ______________________________

Yanis: Et comme dessert, il y a une salade? Vous mangez la salade comme dessert?

Du: ______________________________

Yanis: Ah, d'accord, alors, je prends le menu 2.

À table:

Yanis: Zut, le pain n'est pas sur la table. Il n'y a pas de pain?

Du: ______________________________

Parler

9 **Tu es chez ton/ta corres en France et il/elle va te montrer son collège.**

a **Décidez qui est A et qui est B et préparez le dialogue. A commence.**

b **Jouez le dialogue, puis échangez les rôles.**

Partenaire A = corres français/e	Partenaire B = corres allemand/e
Sage, dass B hier den Eingang deiner Schule sehen kann und dass du B aber zuerst den Schulhof zeigen wirst. *(d'abord – montrer qc (futur proche))*	Antworte, dass der Schulhof genial ist und frage, ob die zwei Männer dort seine/ihre Lehrer sind. *(là-bas)*
Verneine und sage, dass es sich hier um Aufsichtspersonen handelt, dass B aber nachher noch deinen Lehrer M. Martin treffen wird. *(le/la surveillant/e – rencontrer qn (futur proche))*	Frage, was eine Aufsichtsperson ist und ob M. Martin ein netter Lehrer ist und in welchem Unterricht du ihn sehen wirst. *(voir qn (futur proche))*
Antworte, dass eine Aufsichtsperson auf dem Hof und im Aufenthaltsraum ist. Zögere und sage, dass er ein sehr strenger Lehrer ist und dass sein Deutschunterricht sehr langweilig ist. B wird es schon sehen. *(salle de permanence – sévère – ennuyeux)*	Antworte, dass du auch einen langweiligen Deutschlehrer hast, der nie originelle Themen raussucht. *(ennuyeux – choisir qc)*
Frage, ob B jetzt das CDI und die Krankenstation sehen will. *(l'infirmerie f.)*	Bejahe und frage, was das CDI ist und wann du die Sporthalle sehen kannst. *(pouvoir voir qc (futur proche) – le gymnase)*
Antworte, dass das CDI eine Schulbibliothek ist und du B die Sporthalle nach dem Unterricht zeigen wirst. Heute ist Mittwoch und mittwochs hast du keinen Nachmittagsunterricht. *(le gymnase – montrer qc (futur proche) – le mercredi – l'après-midi)*	Frage, um wieviel Uhr A also heute fertig ist und ob ihr danach noch zusammen in die Kantine gehen könnt. *(finir qc (futur proche) – à quelle heure – aller à (futur proche))*
Sage, dass dein Unterricht heute um 13 Uhr endet und ihr danach natürlich zusammen in die Kantine gehen werdet. Du hast jetzt schon Hunger! *(finir futur proche – aller à (futur proche) – avoir faim)*	Sage, dass du auch Hunger hast und frage, was ihr dann heute Nachmittag noch machen werdet. *(avoir faim – faire qc (futur proche))*
Sage, dass ihr im Zentrum spazieren gehen könnt. *(faire une balade – au centre-ville)*	Antworte, dass das eine gute Idee ist. Füge hinzu, dass du heute Abend gerne Crêpes essen würdest. *(je voudrais – manger qc)*

Medientipps Internetrecherche

Du musst für die Schule oft im Internet recherchieren. Achte bei deiner Recherche darauf, dass du „gute“ Quellen benutzt: Wer hat den Text geschrieben? Sind die Infos aktuell? Was sind die Absichten des Textes? Können alle Fakten, Daten und Zahlen nachgeprüft werden? Wenn du unsicher bist, benutze andere Quellen.

Expression

1 **Comment est-ce que tu dis cela en français? Écris dans ton cahier.**

Sage dass,
1. ihr Unterricht von 8 bis 14 Uhr habt.
2. du gut in Deutsch bist.
3. du mittags nicht in der Kantine isst.
4. du samstags nicht in die Schule gehst.
5. du dir gerne Zeit lässt.
6. du dafür/dagegen bist.
7. du Hunger/Durst hast.
8. du Pommes frites nimmst.

Die Verneinung mit *ne … jamais/rien*

2 **Réponds aux questions. Utilise *ne … rien* et *ne … jamais*.**

1. – Est-ce que tu manges souvent à la cantine?
   – Non, ______________________
2. – Est-ce que tes parents ont un cadeau pour ton corres?
   – Non, ______________________

Das *futur proche*

3 **Complète avec les verbes au *futur proche*.**

manger · travailler · faire · visiter · ne pas venir · retrouver · passer · pouvoir

A: Yasmine

Salut Yasmine! C'est bientôt les vacances!!! Qu'est-ce que tu ______________? Moi, je ______________ mon père et on ______________ les vacances ensemble en France. Nous ______________ Paris et je ______________ beaucoup de croissants … ☺ Mes frères ______________ avec nous parce qu'ils ______________ pendant les vacances. Est-ce que tu ______________ venir à Paris aussi? Bises, Catherine

Der Nebensatz mit *quand*

4 **Finis les phrases avec *quand* …**

1. Tahar est content ______________________. (*chatter* / ses amis)
2. Les élèves sont en permanence ______________________. (un prof / *être* malade)
3. Jérémie et moi, nous préparons le dîner ______________________. (notre mère / *travailler*)
4. Jade dort longtemps ______________________. (les cours / *commencer* tard)

Die Adjektive auf *-al*, *-eux*, *-n* und *-l*

5 **Complète avec les bonnes terminaisons.**

1. Mes frères sont géni______ – je les aime beaucoup.
2. Virginie n'est pas très origin______. Je la trouve assez ennuy______!
3. Yannik a une bon______ note en anglais et il est très heur______.
4. Sandrine et Florentine sont vraiment nul______ en EPS.
5. Théo est très bon______ en langue breton______.

Die Verben *finir*, *choisir*, *réfléchir* und *voir*

6 **Complète.**

1. Je ______________________ mes devoirs et j'arrive. *(finir)*
2. Nous ______________________ le plat végétarien. *(choisir)*
3. D'abord, ______________________, puis écrivez. *(réfléchir)*
4. Tu ______________________ tes cousins souvent? *(voir)*

Grammaire mixte: Die Verben *savoir* und *pouvoir* und die Frage mit Fragewort und *est-ce que*

7 **Complète les phrases avec les verbes *savoir* et *pouvoir* et des questions avec *est-ce que*.**

quand est-ce que/qu'	comment est-ce que/qu'
pourquoi est-ce que/qu'	combien de/d'... est-ce que/qu'

1

– ______________________ elle ne parle pas avec Anthony?
– Parce qu'elle ne ______________________ pas parler anglais.

2

– Pardon, ______________________ on va au CDI?
– Je ne ______________________ pas.

3

– ______________________ le cours finit?
– Chut[1], M. Demaisons nous regarde, on ne ______________________ pas parler maintenant.

4

– ______________________ corres ______________________ il y a?
– Seulement 12, les autres sont malades et ne ______________________ pas venir.

1 **chut** pssst

La vie en chiffres

1

Pour réviser: écoute et note les nombres en chiffres.

1. ________
2. ________
3. ________
4. ________
5. ________
6. ________

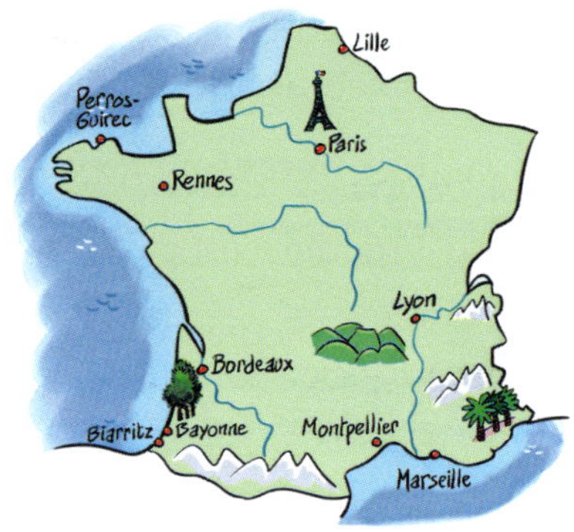

2

Trouve les nombres correspondants et relie. ► Nombres, p. 183

deux-mille-sept-cent-cinquante-cinq

soixante-douze-mille-huit-cent-quatre-vingt-quatorze

cent-quarante-trois-mille-cent-vingt-neuf

cinq-cent-soixante-deux-mille-quatre-cent-quatre-vingt-quatre

trois-millions-six-cent-trente-deux-mille-neuf-cent-quinze

143 129

3 632 915

72 894

2 755

562 484

3

La France et ses habitants. Écoute et souligne la bonne réponse. ► Nombres, p. 183

1. Perros-Guirec compte 7 280 / 7 240 habitants.
2. La Bretagne compte 4 585 327 / 4 587 327 habitants.
3. Bordeaux compte environ 250 000 / 260 000 habitants.
4. Paris compte environ 2 200 000 / 2 300 000 habitants
5. Bayonne compte 48 178 / 48 168 et Biarritz compte 24 730 / 24 713 habitants.

4

Tu lis un article sur les jeunes Allemands dans Magajeunes. Mais il y a des erreurs[1]. Lis le texte et remets les mots à leur place.

1 **l'erreur** *f.* der Fehler

Tu vas bientôt faire un échange en Allemagne? Voici quelques heures par an ______________________ sur les jeunes Allemands.

C'est-à-dire ______________________, les jeunes Allemands surfent sur Internet 54 heures par mois (mails, chats, jeux, réseaux sociaux). Les jeunes entre 14 et 18 ans passent en moyenne trois heures par jour devant la télé, environ ______________________, 1 095 en moyenne ______________________.

Ils passent chiffres ______________________ 43 minutes par jour dans le bus, dans le tram ou dans le métro, sur leur vélo ou dans leurs baskets.

Vacances en Bretagne

VOLET 1

Écouter et prononcer

1 a Écoute et lis en même temps les deux textes. ▶ Livre, p. 126–127

b Écoute, lis et répète. Puis, écoute encore une fois et note ce que tu entends.

1. J'ai passé une semaine [___].
   Souvent, [___].
   Le soir, [___].
   J'ai rencontré [___].
   À la fin, [___].

2. L'année dernière, [___].
   [___] les animateurs.
   [___] sur la côte.
   Et, [___].
   L'année prochaine, [___].

c Lis le texte, p. 126, l. 1–10, à voix haute. Fais attention à la prononciation des nouveaux mots. ▶ Livre, p. 126

Lire et comprendre

2 Vrai ou faux? Relis le texte, puis coche la bonne case. Ensuite, corrige les phrases fausses dans ton cahier.
▶ Livre, p. 126–127

	vrai	faux
1. Yvan a passé une semaine dans une colo cirque.	☐	☐
2. Dans la colo cirque, les jeunes ont fait les costumes pour le spectacle.	☐	☐
3. Pour Alex, les colos, c'est le stress parce qu'il y a toujours un programme.	☐	☐
4. Pauline veut faire une colo parapente mais elle doit attendre parce que c'est assez cher.	☐	☐
5. Gaspard adore passer les vacances sans parents dans une colo à thèmes.	☐	☐
6. À sa troisième colo Clara a retrouvé les gens de la deuxième colo.	☐	☐
7. Dans le centre de vacances «Les amis de Merlin», les jeunes ont programmé un drone et des robots.	☐	☐
8. Le groupe «Chefs cuisiniers» a fait quelque chose à manger pour les autres jeunes.	☐	☐
9. L'après-midi, les jeunes ont joué au jeu «Loups-garous».	☐	☐

Vocabulaire et expression

3 a Qu'est-ce qui va ensemble? Relie. Parfois il y a plusieurs possibilités. ▶ Liste des mots, p. 243–245

1 c'était	A en colo
2 correspondre	B à mes passions
3 dormir	C du cheval
4 échanger	D nos adresses
5 faire	E un séjour
6 partir	F un robot / un drone
7 programmer	G sous la tente
8 tester	H super
	I le tour du lac

b Relis les textes dans ton livre, p. 126–127. Puis, fais un associogramme sur le thème «colonie de vacances». Complète ton associogramme au cours de[1] l'unité 6. ► Livre, p. 126–127; Liste des mots, p. 243–245

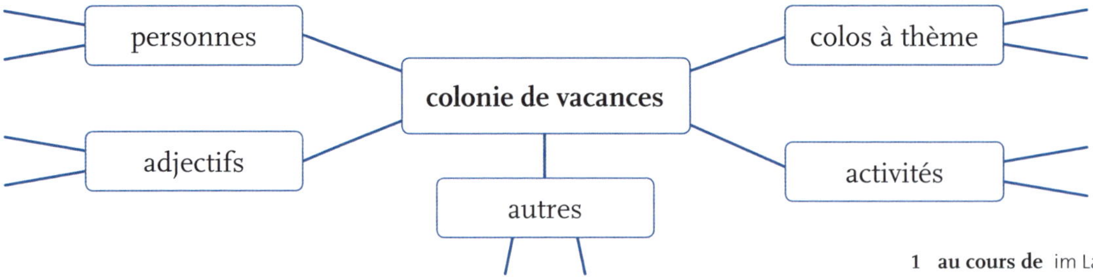

1 **au cours de** im Laufe von

4

Qu'est-ce que tu aimerais faire dans une colo? Forme une phrase avec *j'aimerais* + *inf* pour chaque dessin dans ton cahier. ► Liste des mots, p. 243–245

S'entraîner

5

Marc raconte ses vacances sur son blog. Complète son texte par les verbes au passé composé. Parfois il y a plusieurs possibilités. ► Grammaire, p. 176/45; p. 177/46

adorer *aimer* *avoir* *durer* *faire* *jouer* *organiser*
passer *préparer* *rencontrer* *rigoler*

www.colo-theatre.fr

Dans une colo théâtre: Mes vacances sans parents

Mon frère et moi, on ___ une semaine dans une colo théâtre. C'était génial! D'abord, nous ___ les autres jeunes. Des gens très sympa! Le soir, les animateurs ___ des sketches. On ___ beaucoup de choses. Les costumes, la scène, la musique … et je/j' ___ une idée super: faire un film sur nos portables. Je/J' ___ un vieil homme. Quel spectacle! Mon frère ___ les costumes. Le sketch ___ dix minutes et les gens ___ beaucoup ___. Mon frère et moi, nous ___ notre séjour à la colonie de vacances. Vous ___ aussi ___ une colo? Racontez!

6 a Inès et Youssef ont passé une semaine dans une colo. Qu'est-ce qu'ils racontent? Retrouve l'ordre des mots.
▶ Grammaire, p. 177/47–48

1. avons • les costumes • n' • Nous • pour le spectacle. • pas • fait

____

2. le phare. • visité • ai • n' • Je • plus

____

3. rien • c'était nul. • L'animatrice • n' • a • organisé,

____

b Après son séjour dans une colo de vacances, Juliette rencontre son ami Louis. Il lui pose beaucoup de questions. Réponds aux questions à la forme négative. ▶ Grammaire, p. 177/47–48

1. Tu as déjà fait une colo avant?

____

2. Vous avez eu beaucoup de temps pour vous?

____

3. Et Arthur, est-ce qu'il a aussi préparé quelque chose pour le spectacle?

____

4. Est-ce que Florentin et Laure ont encore fait du char à voile le dernier jour?

____

Écouter et comprendre

7 a Qu'est-ce que Marie a fait mercredi après-midi? Écoute et coche les bons dessins. ▶ Méthodes, p. 188/17

b Écoute le texte encore une fois. Puis, corrige les dessins faux dans ton cahier.

Écrire

8 Tu fais une colo à thème à Paimpol. Écris une carte postale à ton ami/e en Suisse. Raconte tes activités au passé composé. Utilise les mots et expressions de 3a et b. ▶ Méthodes, p. 178/12–13

VOLET 2

Écouter et prononcer

1 a **Écoute et lis en même temps les informations et commentaires sur le géocaching en Bretagne.**
▶ Livre, p. 130

b **Lis le texte à voix haute.**

2 a **Présent, futur ou passé? Écoute les phrases et complète le tableau.**

	1	2	3	4	5
Présent					
Futur					
Passé					

b **Écoute encore une fois les phrases de a et répète-les.**

Vocabulaire et expression / Écrire

3 a **Des touristes passent une journée en Bretagne. Trouve les mots correspondants et ajoute l'article défini.**
▶ Liste des mots, p. 245–247

1. ______ 5. ______ 9. ______ 13. ______
2. ______ 6. ______ 10. ______ 14. ______
3. ______ 7. ______ 11. ______ 15. ______
4. ______ 8. ______ 12. ______ 16. ______

b **Regarde le dessin et décris-le avec les mots de a.**

4 **Comment est-ce qu'ils vont en vacances / à l'école / au travail / au ciné / au supermarché? Forme des phrases complètes.** ► Liste des mots, p. 246

5 a **Fais une fiche pour le verbe *réussir*.** ► Les verbes, p. 180

b **Complète les phrases avec le verbe *réussir*. Utilise le présent, le passé composé ou le futur proche.**

1. Ils ________________ à trouver la cache.
2. Vous travaillez bien. Je suis sûr que vous allez ________________ l'interro.
3. Ensemble nous ________________ toujours à programmer le robot.

6 **Ces jeunes font du géocaching. Qu'est-ce qu'ils disent? Complète leurs phrases avec *ce*/*cette*/*cet*/*ces* ______.**
► Grammaire, p. 178/49

S'entraîner

7 a **Les verbes au passé composé: *être* ou *avoir*? Range les livres sur la bonne étagère.** ▶ Grammaire, p. 176/45

b **Écris des phrases au passé composé des verbes de a qui vont avec *être*.**

8 Grammaire mixte: **Sophie écrit une carte postale à son amie. Entoure la bonne terminaison et trouve les prépositions.** ▶ Grammaire, p. 176/45

Salut Hannah,

La Bretagne est super. Hier, j'ai fait/te une balade ________ la forêt. C'était cool. Après, je suis allée/és à Saint-Malo ________ mes copains. Là-bas, nous sommes montées/és ________ les remparts. La vue est super, mais le vent, oh là là ... trop froid ________ nous! Après, mes copains sont rentrée/és ________ la maison. Ils ont mangé/és du poisson ________ leurs parents. Moi, je suis resté/ée encore un peu ________ ville. C'était beau. Les magasins, les cafés ... j'adore. ☺ À huit heures, le bus est arrivés/é et je suis retournée/ées ________ la maison.

Quelle journée géniale!

Bisous, Sophie

Hannah Ries
23, rue de Thann
67100 Strasbourg

9 Thomas et ses copains ont passé la journée à Paimpol. Raconte. Utilise le passé composé.
► Grammaire, p. 176/45; p. 177/46

Le matin

1

nous • *arriver* • Paimpol

2

on • *faire* • géocaching, *choisir* • parcours • facile

3

Amélie et Paul • *monter* • rocher • *trouver* • cache, je • *rester* • avec • sacs

L'après-midi

4

faire • beau • *manger* • des sandwichs

5

nous • *faire* • surf

6

Amélie • *tomber* • l'eau • drôle

Le soir

7

nous • *aller* • restaurant

8

Amélie et Paul • *manger* • huîtres

9

nous • *attendre* • bus, *retourner* • maison

Écouter et comprendre

10 DELF

Des jeunes parlent de leurs vacances «géocaching» en Bretagne. Qu'est-ce qu'ils ont fait? Relis les informations sur les caches, p. 130, puis écoute les textes. Quel texte correspond à quelle photo? Note le bon numéro. ► Méthodes, p. 188/16

A

B

C

D

E

Parler

11 a C'est la fin des vacances. Jouez à deux (A et B). Chaque élève écrit cinq activités à l'infinitif dans le tableau ci-dessous.

b Faites des dialogues au passé composé comme dans l'exemple. Si ton/ta partenaire a fait une activité, note-la dans la case correspondante. S'il / Si elle n'a rien fait, mets X. Qui trouve les cinq activités de l'autre en premier?

Exemple:
Élève A: Qu'est-ce que tu as fait vendredi matin?
Élève B: Vendredi matin, j'ai rencontré mes amis (→ A note «rencontrer des amis»).

Élève B: Et toi, qu'est-ce que tu as fait lundi après-midi?
Élève A: Lundi après-midi, je n'ai rien fait (→ B note X).

X	Lun	Mar	Mer	Jeu	Ven	Sam	Dim
matin	X	X	jouer de la guitare		monter sur le phare	X	X
midi	attendre le bus	X	X	X	X		X
après-midi	X	X	programmer un robot	X	X	X	sortir avec les amis

Les activités de A (Nom: ______________________)

	Lundi	Mardi	Mercredi	Jeudi	Vendredi	Samedi	Dimanche
matin							
midi							
après-midi							

Les activités de B (Nom: ______________________)

	Lundi	Mardi	Mercredi	Jeudi	Vendredi	Samedi	Dimanche
matin							
midi							
après-midi							

c Résume la semaine de ton/ta partenaire au passé composé devant la classe ou écris un texte dans ton cahier.

Écrire

12 Tu as passé un week-end super avec tes amis en Bretagne. À la maison, tu écris un commentaire sur le site Internet géocachbret.fr. Tu racontes ta journée. Tu parles
- de votre parcours et de la cache
- de vos activités en Bretagne (curiosités[1], restaurants, nature, ...).

▶ Méthodes, p. 186/11

1 **les curiosités** *f. pl.* Sehenswürdigkeiten

VOLET 3

Écouter et prononcer

1 a Écoute et lis en même temps les deux textes. ▶ Livre, p. 135–136

b Écoute les phrases et complète.

1. ______________ une idée.
2. ______________ sans billet!
3. Quand ______________ au dernier étage de la tour, ______________ un gardien.
4. Ensuite, ______________ un message à Léonie, ______________ l'animateur.
5. Une demi-heure plus tard, quelqu'un ______________ et ______________ la porte.

c Prends le rôle de Hugo. Écoute et lis à voix haute les phrases de Hugo pendant les pauses. ▶ Livre, p. 135

d Prends le rôle de Leila. Écoute et lis à voix haute les phrases de Leila pendant les pauses. ▶ Livre, p. 135

Lire et comprendre

2 a Relis les textes, p. 135 et p. 136. Ensuite, forme trois questions sur le texte *Une soirée avec Emma* et trois sur le texte *Une demi-heure avec Hugo* et note-les dans ton cahier. N'oublie pas d'écrire la réponse.
▶ Livre, p. 135–136

b Posez vos questions à votre partenaire. Comparez vos réponses.

Vocabulaire et expression

3 Retrouve les mots ci-dessous et écris les noms avec l'article défini. ▶ Liste des mots, p. 247–248

4 Trouve l'intrus. Justifie ta réponse dans ton cahier. ▶ Liste des mots, p. 247–248

1. a ☐ fou/folle b ☐ payant/e c ☐ l'aventure d ☐ fort/forte
2. a ☐ d'habitude b ☐ Au secours! c ☐ calmer qn d ☐ la peur
3. a ☐ le temps b ☐ la lampe c ☐ le soleil d ☐ faire froid
4. a ☐ le soir b ☐ la nuit c ☐ le matin d ☐ l'année

S'entraîner

5 a Trouve le participe passé des dix-huit verbes cachés dans la grille. ▶ Verbes, p. 179–181

avoir boire connaître découvrir devoir dire offrir écrire être
faire lire mettre ouvrir pouvoir prendre venir voir vouloir

é	t	é	i	d	r	b	u	l	v	n	l	m	b	d	k	m	b
û	v	u	o	û	f	t	p	r	i	s	v	i	d	i	a	é	t
s	s	r	ç	a	l	o	b	a	û	b	a	s	b	t	l	c	v
c	o	n	n	u	d	u	t	o	f	f	e	r	t	u	p	r	c
s	a	é	p	f	h	v	p	s	e	u	m	n	l	f	r	i	f
v	o	u	l	u	n	e	r	v	d	p	é	a	u	a	s	t	a
t	g	d	a	r	g	r	n	g	v	e	n	u	j	i	t	k	i
i	d	p	u	e	r	t	s	r	d	é	c	o	u	v	e	r	t

b Forme cinq phrases au passé composé avec un maximum des verbes de a. Utilise au moins deux fois la négation.

6 Sylvie écrit un mail à son ami Alain ci-dessous au passé composé. ▶ Verbes, p. 179–181; Grammaire, p. 177/46–48

appeler aller avoir comprendre découvrir vouloir
être faire expliquer manger passer rentrer trouver venir

A: Alain

Salut Alain,

Je/J' ______________ une journée sympa avec mes amis.

Le matin, je/j' ______________ une idée géniale: Prendre le bus pour Paris pour faire du géocaching en ville. Je/J' ______________ mes amis Arthur, Anne et Lisa. D'abord, ils ______________ (ne rien). «Qu'est-ce que c'est, le géocaching?» Alors, je leur ______________: les énigmes, le parcours, la cache, le trésor ... Paul et Anne ______________ tout de suite d'accord. Lisa ______________ (ne pas) venir avec nous. Deux heures plus tard à Paris: Nous ______________ le parcours de la ville. C'était drôle. D'abord, nous ______________ (ne rien). Pas de cache, pas de trésor. Alors on ______________ quelque chose dans un restaurant ... et là, derrière la porte d'entrée à gauche, on ______________ le trésor. Trop cool! Après, nous ______________. À 21 heures, ma mère ______________ à la station de bus. La prochaine fois, tu viens avec nous, d'accord?

À plus, Sylvie

7 **Après la chasse au trésor, un groupe de jeunes parle du parcours. Qu'est-ce qu'ils disent? Retrouve l'ordre des mots et écris les phrases au passé composé.** ► Grammaire, p. 176/45; p 177/48

1. sur | elles | vouloir | le phare | monter

____

2. attendre | pendant une heure | Mathéo | le bus | devoir

____

____

3. d'abord | devoir | tu | les informations | chercher | sur le site Internet

____

4. pouvoir | la cache | trouver | je | pas | ne

____

5. des huîtres | vouloir | après le parcours | ne | vous | manger | pas

____

8 **Le soir, Annabelle, l'animatrice de la colo parapente, écrit son journal. Qu'est-ce qu'elle et son groupe ont fait? Décris sa journée au passé composé.**
► Grammaire, p. 176/45; p 177/48

1. heures • prendre • petit-déjeuner
2. après • groupe • de Paris • arriver
3. on • faire • une chasse au trésor
4. Felix • nous • lire l'énigme
5. les autres • écrire • les réponses
6. ensuite • nous • prendre • train • pour Paimpol • pour trouver la cache
7. on • avoir de la chance • c'était • marée basse
8. Jeanne et Felix • découvrir le trésor • derrière rocher
9. Felix • ouvrir le trésor • c'était • invitation au restaurant «La marée basse» • le soir • le groupe • aller au restaurant
10. nous • bien manger et boire • c'était • soirée • sympa

9 a **Le soir autour du feu, les jeunes dans la colo cirque écrivent un poème ensemble. Complète le poème par les verbes entre parenthèses au présent.** ► Verbes, p. 181

Quand tu _______________ (venir)
je te _______________ (prévenir)
que maman et Richard
_______________ (revenir) plus tard.

Vous les _______________ (prévenir),
que nous _______________ (revenir),
d'une fête de chez Manon?

b **Fais une fiche pour le verbe *appeler*. Ensuite, écris un poème avec les formes du verbe. Tu peux aussi utiliser d'autres verbes.**

Parler

10 Après les vacances, tu parles à un ami / une amie.

Partenaire A	Partenaire B
Sage, dass du drei Wochen in einem Zirkusferienlager verbracht hast und es dir sehr gut gefallen hat. *(passer – une colo cirque)* 	Sage, dass du noch nie an einer Ferienfreizeit teilgenommen hast. Frage, was sie gemacht haben. *(ne ... jamais – faire de colo)*
Erzähle, dass ihr einen Kanuausflug und einen Spaziergang im Wald gemacht habt. An einem Abend habt ihr Spiele am Lagerfeuer gespielt – das war klasse. Sage, dass die Animateurin Annabelle sympathisch war. *(faire une sortie – une balade – autour du feu)*	Erwidere, dass eine Ferienfreizeit für dich kein Urlaub ist. Du machst lieber Urlaub mit deiner Familie. Sage, dass du vom „Géocaching" begeistert bist. *(ce n'est pas – des vacances – partir en vacances – adorer qc)*
Sage, dass du den Begriff Géocaching nicht kennst und frage, was das ist.	Antworte, dass Géocaching toll und eine Art Schatzsuche in der Natur ist. Erkläre, dass man ein Versteck finden muss, in dem sich der Schatz befindet. Man kann die Schatzsuche zu Fuß oder auf dem Fahrrad machen. *(une chasse au trésor – trouver une cache – à pied – à vélo)* 
Sage, dass das gut klingt und frage, wo B dies gemacht hat. *(sympa – où)*	Antworte, dass du mit deiner Familie in Saint-Malo in der Bretagne am Géocaching teilgenommen hast. Ihr seid auf die Stadtmauer und den Leuchtturm gestiegen. Dort habt ihr den Schatz entdeckt. Am Abend habt ihr im Restaurant gut gegessen und getrunken. Insgesamt seid ihr eine Woche geblieben und du hast schöne Ferien gehabt. *(monter sur les remparts – le phare – découvrir le trésor – rester une semaine – passer des vacances super)*
Sage, dass du gerne in die Bretagne fahren würdest. Letztes Jahr hattest du keine Zeit. Dein Freund Luc aus Bordeaux kam zu dir und ihr seid gemeinsam nach Paris gefahren. Füge hinzu, dass du nächstes Jahr am Géocaching teilnehmen möchtest. Verabschiede dich. *(aimerais + inf. – venir – l'année prochaine)*	Sage, dass du das super findest. Verabschiede dich ebenfalls.

Médiation

11 **Tu vas passer une journée avec ton corres à Hambourg. Tu regardes le site Internet de l'office de tourisme de Hambourg. Lis les programmes et choisis au moins deux activités de chaque catégorie (*Aktivitäten*, *Abendprogramm* et *Kulinarisches*). Vous voulez aussi faire du géocaching. N'oublie pas de dire quel temps il va faire. Qu'est-ce qu'il faut mettre? Organise la journée pour le mardi et écris un mail à ton corres avec le programme.** ► Méthodes, p. 191/24–25

www.hamburg-tourismus.de

Tourismusbüro Hamburg

Aktivitäten

Sport und Natur
Wunderschöne Spaziergänge in unseren Wäldern rund um Hamburg.
Reiten in freier Natur, für Anfänger und Fortgeschrittene.

Der Hafen
Bei einer Hafenbesichtigung den Hafenarbeitern über die Schulter blicken und die alten Boote beim Ein- und Ausschiffen beobachten.

Hamburg – meine Stadt
Ob bei Regen oder Sonne, das Hamburger Stadtzentrum ist immer einen Ausflug wert und bietet vielfältige Freizeitangebote für Jedermann. Entspannen Sie sich bei einem Einkaufsbummel, schlendern Sie durch Museen von internationalem Rang oder besuchen Sie den Hamburger Fischmarkt – ein Must-see vor allem für Liebhaber von Krabben, Austern und anderen leckeren Meeresfrüchten.

Museen und Konzerte
Bestaunen Sie bedeutende Kunstsammlungen und einzigartige Exponate in unseren zahlreichen Museen. Lassen Sie sich vom kulturellen Flair der Stadt verführen und besuchen Sie Hamburgs neuestes Wahrzeichen, die Elbphilharmonie, einen der modernsten Konzertsäle der Welt.

Show und Kultur

Sie gehen gerne ins Kino?
Gehen Sie in einen unserer bekannten Kinopaläste.

Sie lassen sich gerne verzaubern?
Manege frei im Zirkus „Zamponi"! Atemberaubende Tanzspektakel, mitreißende Pferdeshows und Sketche, die Groß und Klein begeistern, sind nur ein kleiner Vorgeschmack auf die große Show. Hereinspaziert! Freuen Sie sich auf ein unvergessliches Erlebnis für die ganze Familie!

Sie lieben die große Bühne?
Besuchen Sie die Neuinszenierung des Klassikers „Tartuffe" im Hamburger Theater. Sie werden Tränen lachen!

!!Jetzt NEU – Geocaching!!

Geocaching – Langweilige Schatzsuche war gestern!
DER Trend für Schatzsucher wird nun auch in Hamburg angeboten – und jeder Tag bietet neue, spannende Herausforderungen. Egal ob bei Touren mit dem Fahrrad, Rallyes durch den Wald oder quer durch die Stadt, verlieren Sie nie das große Ziel aus den Augen: Wo befindet sich der Schatz? Aber Vorsicht: Das Versteck ist oftmals nicht leicht zu finden!
Folgende Touren bieten wir derzeit an:
- Fahrradtouren (ca. 25 km): Fr–So 9–17 Uhr
- Rallyes zu Fuß durch den Wald (ca. 3 km): Di, Sa, So 8.30–15 Uhr
- Erlebnistour durch das Stadtzentrum: Mo–Sa 9.30–19 Uhr

Kulinarisches

Ob Frühstück, Mittag- oder Abendessen, Hamburg hat für jeden Anlass und Geschmack etwas zu bieten.

Frühstücken Sie im Café „Rive gauche" die besten Croissants außerhalb Frankreichs. Dazu ein Café au lait und der Tag kann beginnen!

Für schnelles Essen unterwegs können Sie sich im „Henry's" auf gute, einfache Küche verlassen. Ob Sandwich, Kebab oder Galette – es ist für jeden etwas dabei. Getränke bereits ab 1,50 Euro.

Das kleine, aber feine Café „Meerblick" serviert verrückte Kuchenkreationen, geschmacksintensive Desserts und eine reiche Variation an Crêpes. Probieren Sie unbedingt den legendären Schokoladenkuchen mit Sahne – ein absoluter Hochgenuss. Für Kaffee und Kakao (für unsere kleinen Gäste) ist natürlich gesorgt! ☺

Das Wetter

Aktueller Wetterbericht für die kommende Woche:

Montag und Dienstag: kühl, windig, vereinzelte Schauer.

Ab Mittwoch bis Ende der Woche: Sonne, Sonne, Sonne! ☺

Vocabulaire

1 **Masculin ou féminin? Écris les mots dans la bonne colonne. Puis note la traduction allemande à côté.**

l'arbre l'avion l'animateur l'huître l'horaire l'office de tourisme l'aventure l'ordre l'énigme l'argument l'idiote

Masculin		Féminin	
l'arbre ______	______	______	______
______	______	______	______
______	______	______	______
______		______	

Expression

2 **Comment est-ce que tu dis cela en français?**

Sage, dass ...
1. ... dir etwas gut / nicht gut gefallen hat.
2. ... du deine Ferien gerne in einem Zirkusferienlager verbringen würdest.
3. ... etwas sehr witzig / sehr langweilig war.
4. ... das keine gute Idee war.
5. ... ihr einen Ausflug mit dem Ferienlager gemacht habt.

Die Verben

3 **Complète les mini-dialogues par des formes des verbes** *appeler* **(2 x),** *correspondre*, *entendre*, *échanger*, *réussir*, *revenir*, *prévenir* **(2 x) au présent.**

1. – Tu ______ tes amis que nous ______ nos adresses après le parcours?
   – Oui, ils ______ à 18 h. Ensuite je les ______.
2. – Vous ______ à monter sur le phare?
   – Bien sûr. Sinon, on te/t' ______.
3. – Tes idées ne ______ pas à mes idées.
   – D'accord, il faut alors trouver une autre solution.
4. – Il y a trop de bruit. Elle ne vous ______ pas.
   – C'est vrai. Nous la/l' ______ encore une fois.

Das *passé composé* mit *avoir* und *être*

4 Céline écrit son journal. Complète le texte par les verbes entre parenthèses au passé composé.

Hier soir, mon frère et moi, nous ________________ *(aller)* au restaurant avec nos parents. Ma mère et mon frère ________________ *(manger)* un poisson et mon père et moi, nous ________________ *(choisir)* des huîtres. C'était très bon. À la maison, mon père et ma mère ________________ *(regarder)* la télé mais je/j' ________________ tout de suite ________________ *(aller)* au lit et je/j' ________________ bien ________________ *(dormir)*. Aujourd'hui, nous ________________ *(faire)* du géocaching, mais mon père ________________ *(ne pas vouloir venir)* avec nous. Il ________________ *(rester)* à la maison. Alors ma mère, mon frère et moi, nous ________________ *(visiter)* la ville de Combourg et son château. On a ________________ *(chercher)* la cache. C'était difficile! Mais, à la fin, je/j' ________________ *(découvrir)* la cache. À 15 h 30, nous ________________ *(attendre)* mon père devant la gare qui ________________ *(arriver)* un peu plus tard. Nous ________________ *(rentrer)* à 20 heures.

Die Verneinung im *passé composé*

5 Réponds aux questions à la forme négative. Utilise *ne ... pas*, *ne ... plus*, *ne ... rien* **ou** *ne ... jamais*.

1. Il a entendu quelque chose? – Non, il ________________.
2. Vous êtes encore montés sur les remparts? – ________________.
3. Chantal a voulu aller au cinéma avec toi? – ________________.
4. Marie et Anne, elles sont déjà parties en vacances ensemble? – ________________.

Grammaire mixte: Die Demonstrativbegleiter, der Possessivbegleiter *ses* und das Verb *être*

6 *Ce*, *cette*, *c'est*, *ces* **ou** *ses*? **Écoute les cinq phrases et coche le bon mot.**

1. ☐ cette ☐ c'est 2. ☐ cette ☐ cet 3. ☐ ces ☐ ses 4. ☐ ces ☐ ses

Grammaire mixte: Transportmittel, Modalverben und das *passé composé*

7 Complète le texte et mets les verbes au *passé composé*.

1. Elles ________________ (*vouloir* rentrer) ________________ .
2. Ils ________________ (*devoir* attendre) le bus pendant une demi-heure, mais il ________________ (ne pas *arriver*). Alors ils ________________ *(aller)* au cinéma ________________ .

Hier kannst du deine Französischkenntnisse der *Unités 4–6* überprüfen. Mache zuerst den *Bilan* im Schülerbuch, S. 144–145. Überprüfe deine Lösungen online. Blättere durch das Heft und fülle das Portfolio aus.

Kommunikative Kompetenz

Hör-/Hörsehverstehen

Ich kann ...

- [ ] eine Radiosendung verstehen.
- [ ] den Tagesablauf einer Person verstehen.
- [ ] Hörtexten die Hauptaussagen entnehmen (z. B. Telefongespräch, Dialog).
- [ ] Hör-Sehtexten die Hauptaussagen entnehmen (z. B. Familiengespräch, Reportage).
- [ ] Durchsagen am Bahnhof verstehen.
- [ ] einen Wetterbericht verstehen.

Schreiben

Ich kann ...

- [ ] eine Figur eines Comics beschreiben.
- [ ] eine Person und ihren Lebensstil vorstellen.
- [ ] den Tagesablauf in der Schule beschreiben und meine Lieblingsfächer nennen.
- [ ] über das nächste Wochenende schreiben.
- [ ] meine Schule vorstellen und ein Austauschprogramm planen.
- [ ] von vergangenen Erlebnissen berichten.
- [ ] von Ferienaktivitäten berichten.

Sprechen

Ich kann ...

- [ ] über Hobbys sprechen.
- [ ] sagen, was ich (nicht) gerne mache.
- [ ] über Kleidungsstile sprechen.
- [ ] (telefonisch) Vorschläge machen, diskutieren und mich zu einer gemeinsamen Unternehmung verabreden.
- [ ] Vorschläge machen und über Pläne sprechen.
- [ ] etwas bestellen und dabei sprachmitteln.
- [ ] über Vergangenes erzählen.
- [ ] eine Geschichte als Hörspiel aufführen.
- [ ] Fotos und Bilder beschreiben.

Lesen

Ich kann ...

- [ ] Texte (z. B. Blogeinträge, Website, Tutorial, Stundenplan, Reportage, Tagesprogramm, Speiseplan, Artikel, Erlebnisberichte, Legende) verstehen.
- [ ] in Anzeigen Wochenendaktivitäten heraussuchen.
- [ ] etwas aus einer Speisekarte auswählen.
- [ ] Statistiken über Gewohnheiten französischer Jugendlicher verstehen.
- [ ] passende Bilder zu Texten finden.
- [ ] eine Fahrauskunft verstehen.

Interkulturelle Kompetenz

Ich kenne ...

- [ ] einige französische Persönlichkeiten.
- [ ] Bordeaux und Umgebung.
- [ ] den französischen Schulalltag.
- [ ] die Region Bretagne, ihre Sprache und ihre Kultur.
- [ ] einige französische/bretonische Gerichte und Essgewohnheiten.
- [ ] französische Feriencamps.

Methoden

Ich kann...

- [ ] beim Hören auf bestimmte Informationen achten.
- [ ] anhand von Modelltexten meinen Wortschatz ausbauen.
- [ ] (bei einer Sprachmittlung) unbekannte Wörter umschreiben.
- [ ] Texte auf Französisch gliedern, schreiben und korrigieren.
- [ ] Informationen für eine bestimmte Person übermitteln.
- [ ] Wiederholungen in meinen Texten vermeiden.
- [ ] Informationen eines Lesetextes wiedergeben.
- [ ] Geschichten aus einer anderen Perspektive erzählen.